불탄 숭례문은
어디에 있을까?

 소중한 우리 건축 문화재와 수리 이야기

불탄 숭례문은 어디에 있을까?

한라경 글 | 김보경 그림 | 전통건축수리기술진흥재단 감수

주니어 단디

추천사

'불탄 숭례문은 어디에 있을까?'라는 질문은 2008년 2월 10일 20시 48분쯤 발생한 숭례문 화재로부터 시작되었을 것입니다.

숭례문을 태운 불은 다음 날 새벽 2시 5분쯤 진화가 되었으니 약 5시간 동안이나 지속되었습니다. 2층 내부에서 화재가 시작되었고, 화재의 원인은 나라에 불만을 품은 한 사람의 방화였습니다.

불이 난 지 약 7분 후에 중부소방서 소방차가 출동하여 계속해서 물을 뿌리고 건물 1, 2층 안에 들어가 진화 작업을 했습니다.

저는 당시에 문화재청의 문화재위원으로 활동을 하고 있었습니다. 숭례문에 불이 났다는 뉴스를 보고 즉시 현장으로 나갔고, 숭례문에 도착하여 홍예문 위에 있는 건물 1층으로 올라갔습니다. 소방관들이 소방호스를 들고 진화 작업을 하고 있었습니다.

1층에서 보니, 2층 건물 지붕 밑 목재가 불에 타고 있었고, 밖으로 나와 보니 2층에 걸려 있는 숭례문 현판에 금방 불이 붙을 것 같았습니다. 순간적으로 소방관에게 현판을 땅바닥에 떨어뜨려 달라고 했습니다. 현판은 건물을 대표하는 이름으로 가장 상징적인 유물이란 생각에서였습니다.

결국 숭례문은 2층 건물이 다 탔고, 1층은 부분적으로 피해를 입었습니다.

화재가 진화된 후, 문화재위원회가 소집되었습니다. 피해복구에 대한 대책을 논의 하던 중, 불탄 숭례문을 국보에서 해제하자는 이야기까지 나왔습니다. 회의 끝에 숭례문 전체가 불에 타 없어진 것이 아니고, 홍예기단부분과 1층은 남아 있으니 문화재로서의 가치는 유지된다는 생각으로 지정해제는 하지 않고 복구에 최선을 다하기로 했습니다.

그렇게 해서 숭례문 복구가 시작되었습니다. 먼저 전통 기법과 전통 재료를 사용한다는 원칙을 세웠습니다. 고대로부터 전해오는 기법을 살려 다시 짓기로 한 것입니다.

숭례문 복원 공사는 화재 이후 피해 조사와 복구 공법 등에 대한 검토를 하여 2010년 2월 10일에 착공하고, 2013년 5월 4일 완공하여 다시 원래의 모습대로 세워졌습니다. 현장을 수습하고 불에 탄 부재는 경복궁으로 옮겨놓았다가 지금은 파주 전통건축부재보존센터에 보관하고 있습니다.

그렇다면 숭례문은 어떤 건물이며 무엇이 중요해서 국보 문화재로 지정되었을까요? 문화재의 지정 등급은 국보, 보물로 구분됩니다. 역사가 깊고 구조 형식상 특징을 갖는 문화재를 선별하여 보물로 지정을 하고, 보물 중에 인류문화의 관점에서 볼 때 그 가치가 크고 유례가 드문 것을 국보로 승격하여 지정하는 것입니다.

숭례문의 역사와 건축적인 가치는 다음과 같습니다. 건립연대는 조선 초기 1398년이며 세종조인 1448년 세종 30년과 성종조인 1479년 성종 10년에 개축 수리한 기록이 있습니다. 그러니까 숭례문은 조선 초기의 건축 구조와 양식을 갖추고 있으며 600여 년의 장구한 역사를 지니고 있습니다. 숭례문은 임진왜란, 병자호란의 외침 시에도 큰 피해 없이 조선 초기 건축의 명맥이 잘 유지되고 있으며 궁궐 건축으로는 가장 오래된 건물입니다.

숭례문은 한양도성의 남쪽 정문입니다. 동서남북 4대문으로 연결된 한양도성의 성벽 길이는 18.6km이며 4대문과 4소문은 전체가 성벽으로 연결되어 있었습니다. 새벽 4시에 통금해제를 알리는 종을 쳐서 파루 罷漏라 하고, 저녁에는 10시에 닫는 종을 쳐서 일반 대중의 출입을 통제하였습니다. 이를 인정 人定이라 하였습니다.

이 책에는 화재 피해를 본 숭례문의 복구 공사, 다른 건물의 화재 사례, 석탑과 석조물, 기와와 지붕, 단청, 문화재 복원의 필요성 등에 관한 내용이 수록되었습니다. 이는 전통건축과 문화재 보존에 대한 이해를 돕기에 충분합니다.

이 책을 통하여 문화재 보존에 대한 애호심이 더욱 발휘되기를 기대합니다.

윤 홍 로

[주요 약력] 1967~1986년 문화재관리국(문화재보수과장 역임)
1986~1989년 독립기념관 건설국장(화재복구 전담)
1989~2003년 문화재위원회 상근전문위원 (문화재청)
2005~2011년 문화재청 문화재위원회 위원
2008~2012년 숭례문 복구 기술분과 위원

"사진을 찍고, 글을 쓰고… 우리 꼭 기자가 된 것 같아!"

"조사한 걸 모아서 신문도 만들어 보면 어때? 사진도 싣고, 기사도 쓰고, 전문가 선생님이랑 인터뷰도 해서 인터넷에 올리면 사람들이 관심을 가질지도 몰라! 그럼 문화재를 지키는 데 도움이 되지 않을까?"

"좋은 생각이야! 신문 이름은 '소문 신문' 어때? '소중한 우리 문화재'를 줄여서 '소문' 신문!"

"소중한 우리 문화재를 널리 소문내자는 뜻도 되네?"

"멋지다! 그럼 우리 <소문 신문>에 실을 기사의 첫 취재를 시작해 볼까?"

현승(편집) 컴퓨터를 능숙하게 다루고, 맞춤법을 잘 아는 현승이가 맡았어요. 책과 인터넷을 통해 문화재에 대해 알아보고, 아이들이 취재한 내용으로 '문화재 신문'을 편집해요.

하연(인터뷰) 학교 소식통인 하연이가 맡았어요. 훼손된 문화재를 고치고, 보관하는 전문가와 인터뷰해요.

민우(취재) 사진을 멋지게 찍고, 처음 가는 길도 척척 찾는 민우가 맡았어요. 건축 문화재가 있는 곳에 직접 찾아가 사진을 찍고, 취재를 해요.

차례

추천사 · 4
〈소문 신문〉의 탄생! · 8

① 뚝딱뚝딱 숭례문 고치기!

600년 역사를 간직한 숭례문 · 17
숭례문에 왜 불이 났을까? · 18
숭례문을 여러 번 고쳤다고? · 21
숭례문의 모습은 어떻게 바뀌어 왔을까? · 23
숭례문의 화기를 막기 위한 선조들의 노력 · 27
지금의 숭례문은 어떻게 다시 지어졌을까? · 31
`숭례문 수리에 숨겨진 뒷이야기 1` 잡상의 수수께끼 · 33
`숭례문 수리에 숨겨진 뒷이야기 2` 진짜 지붕을 찾아라! · 35
불에 탄 숭례문의 부재를 보관하는 수장고 · 37

〈소문 신문 편집 후기〉 · 39
〈더! 조사해 보자〉 일제 강점기에 훼손된 건축 문화재들 · 40
〈소문 신문, 알려 줘!〉 · 44

❷ 나무로 만든 문화재를 지켜라!

전통 건축에서 꼭 필요한 나무! ● 49
어떤 나무를 썼을까? ● 50
전통 건축의 뼈대, 나무! ● 52
불에 약한 목조 문화재 ● 55
낙서로 훼손되는 문화재들 ● 59
목조 문화재를 오랫동안 지켜온 방법 ● 61
수리하기 전에 꼭 해야 하는 것! ● 63
숭례문 수리에 숨겨진 뒷이야기 3 제 나무를 써 주세요! ● 66
숭례문 수리에 숨겨진 뒷이야기 4 숭례문을 레고처럼 조립했다고? ● 68
숭례문 수리에 숨겨진 뒷이야기 5 조각난 숭례문 현판을 되살려라! ● 69

〈소문 신문 편집 후기〉 ● 71
〈더! 조사해 보자〉 전통 건축 장인들 ● 72
〈소문 신문, 알려 줘!〉 ● 74

❸ 돌로 만든 문화재를 지켜라!

단단한 돌은 어떻게 쓰였을까? ● 79
문화재마다 다른 돌을 썼다고? ● 82
돌을 쌓는 방법도 여러 가지! ● 87
기둥을 받쳐주는 주춧돌 ● 88

돌로 만든 문화재는 항상 튼튼할까?	90
첨단 기술로 문화재의 문제를 찾아내다!	93
수리하고 다시 쌓기	95
숭례문 수리에 숨겨진 뒷이야기 6 숭례문 성곽 세우기	96
〈소문 신문 편집 후기〉	99
〈더! 조사해 보자〉 돌을 깎고 다듬는 도구는 어떻게 만들었을까?	100
〈소문 신문, 알려 줘!〉	102

④ 전통 기와를 지켜라!

지붕의 재료에 따라 달라지는 집의 이름	107
기와에 여자랑 남자가 있다고?	109
아름다운 막새	111
기와지붕의 구조를 알아보자	113
건축물의 쓰임에 따라 기와지붕 모양도 달라!	114
잡상을 가까이에서 보면 어떤 모습일까?	116
자주 수리가 필요한 기와	119
숭례문 수리에 숨겨진 뒷이야기 7 2만 장이 넘는 기와를 만들다!	120
〈소문 신문 편집 후기〉	123
〈더! 조사해 보자〉 〈문화유산헌장〉이 뭐야?	124
〈소문 신문, 알려 줘!〉	126

5 단청을 지켜라!

언제부터 건축물에 그림을 그렸을까?	131
단청의 색깔은 어떻게 만들어질까?	132
색깔에도 의미가 있다!	133
건축물에 따라 달라지는 단청 무늬	135
단청을 보존하는 방법은 덧칠하기?	137
전통 안료를 되살려야 한다	139
똑같은 모양의 단청, 어떻게 그릴까?	141
숭례문 수리에 숨겨진 뒷이야기 8 여섯 번 덧칠한 숭례문의 단청	143

〈소문 신문 편집 후기〉	145
〈더! 조사해 보자〉 전통 안료와 화학 안료는 어떻게 다를까?	146
〈소문 신문, 알려 줘!〉	147

수장고! 우리도 가 보고 싶어요	148
수장고는 이렇게 생겼어요	150
참고문헌 · 사진 출처	152

뚝딱뚝딱 숭례문 고치기!

숭례문은 우리나라 사람들이 가장 안타까워했던 문화재 훼손 사건이래.

그럼 우리 숭례문에 관해서 먼저 알아보면 어때? 나는 숭례문에 직접 찾아가서 지금은 어떻게 수리되었는지 확인하고 올게!

그럼 나는 숭례문을 고친 전문가 선생님을 만나서 인터뷰해 볼게!

나는 숭례문이 불탔을 때의 기사들을 찾아보고, 숭례문의 역사를 조사해 볼게.

600년 역사를 간직한 숭례문

숭례문은 조선을 세우는 데 큰 역할을 했던 정도전이 설계한 문입니다. 조선의 첫 왕인 이성계는 새 나라의 도읍지금의 수도을 한양으로 정했습니다. 도읍이 정해지자, 정도전은 한양을 멋진 도읍으로 만들기 위해 설계를 했습니다. 정도전의 설계대로 궁궐과 관청이 만들어졌고, 관청 앞으로 큰길을 내 육조거리도 만들었습니다.

정도전은 도읍을 감싸는 성곽과 성을 드나들 수 있는 큰 네 개의 문도 만들었습니다. 네 개의 문에는 각각 홍인지문, 돈의문, 숭례문, 숙청문숙정문이라는 이름이 붙었습니다.

예로부터 남쪽은 '예'를 나타냈는데, 숭례문은 남쪽에 지어졌기 때문에 '예를 숭상하다.'라는 뜻의 이름이 붙었습니다. 남쪽에 있어 백성들은 숭례문을 남대문이라고도 불렀습니다.

숭례문은 네 개의 문 중 가장 많은 사람이 오가는 문이었습니다. 외국에서 온 사신도 숭례문을 통해 도성으로 들어왔습니다.

숭례문은 자랑스러운 우리의 건축물이고, 일제 강점기와 6·25 전쟁이라는 아픈 역사를 고스란히 겪어온 문화재이기도 합니다. 숭례문은 600년의 이야기를 담고 있는 우리의 '역사'입니다.

숭례문에 왜 불이 났을까?

2008년 설 마지막 연휴였던 2월 10일 저녁 8시 50분경, 숭례문에 불이 났다는 신고가 접수됐습니다. 소방관들은 현장에 금방 투입되었고, 2층 누각에 난 불을 진화하기 시작했습니다.

그런데 누각의 불을 다 껐는데도 연기는 사라지지 않았습니다. 원인을 찾기 위해 장비와 인원을 늘렸지만, 연기는 점점 거세졌습니다.

한참 지난 뒤에야 지붕의 기와와 2층 문루 사이로 불이 보이기 시작했습니다. 지붕 속에 불이 붙어 눈으로 불씨를 볼 수 없었던 것입니다.

불은 삽시간에 2층 천장 전체로 옮겨갔고, 숭례문의 현판이 바닥으로 떨어졌습니다. 뒤이어 숭례문을 이루는 서까래와 기와도 검게 그을려 1층으로 떨어져 내렸습니다. 현장에서 함께 지켜보던 시민들은 무너져 내리는 숭례문의 모습을 보고, 발을 동동 구르며 안타까워했습니다.

한없이 타들어 가던 숭례문의 2층 누각은 11일 새벽 2시쯤 무너져 내렸습니다. 불이 난 지 5시간 만에 숭례문 2층 누각이 다 타고 만 것입니다.

국민을 더 화나게 한 건 숭례문이 방화에 의한 화재였다는 것이었습니다. 국가에 불만을 품고 있던 한 사람이 사다리를 타고 서쪽 문루를 넘어서 숭례문에 들어갔고, 미리 준비한 시너와 가스라이터로 불을 붙인 사실이 밝혀졌습니다.

시민들은 방화범을 처벌하라고 목소리를 높였고, 결국 방화범은 문화재보호법 위반 혐의로 징역 10년을 선고받았습니다. 정부는 크게 손상을 입은 숭례문을 하루라도 빨리 옛 모습으로 고치고, 다시는 소중한 문화재가 불에 타는 일이 없도록 문화재 관리를 철저히 하겠다고 약속했습니다.

> **TIP 화재 이후에는 어떻게 됐을까?**
>
> 숭례문과 주요 문화재에는 화재 대비 시스템이 생겼습니다. 불꽃이 감지되거나 일정 이상 온도가 올라가는 것을 알 수 있는 불꽃 감지기와 열 감지기를 설치했고, 지붕과 기와 사이에 불이 붙지 않도록 방염천을 설치하고, 서까래 밑에 스프링클러를 설치해 경보가 울리면 바로 물이 나오도록 했습니다. 이 밖에도 CCTV와 소화전 등을 곳곳에 설치했습니다.

숭례문을
여러 번 고쳤다고?

"숭례문을 고치도록 하라!"

조선의 첫 왕인 태조가 즉위한 뒤, 숭례문이 세워졌습니다. 1960년대에 숭례문을 수리하며 발견된 상량문에는 태조 5년 1396년 10월 6일에 상량을 했다는 기록이 남아 있습니다. 상량은 건물의 뼈대를 지은 후에, 건물에 마룻도리*를 올리는 일을 말합니다. 태조는 상량을 축하하며 상량식을 하고, 언제 누가 지었는지를 남기기 위해 지어진 시기와 지은 사람들의 이름을 숭례문에 기록해 두기도 했습니다.

조선의 네 번째 왕인 세종은 왕이 된 지 얼마 안 됐을 때부터 숭례문을 수리하려고 했지만, 다시 세우기로 결정하기까지는 시간이 꽤 걸렸습니다. 지어진 지 얼마 안 된 숭례문을 수리한 이유는 숭례문이 너무 낮은 땅에 세워졌기 때문이었습니다.

땅의 높이를 올리고, 다시 숭례문을 세우면서 태조 때 사용한 부재**와 함께 새로 나무를 다듬어 넣기도 했습니다.

태조 상량문(1396년 10월 6일)

★ 건물의 뼈대 중 가장 높은 곳에 있는 나무예요.
★★ 건물을 지을 때 사용하는 나무와 돌 같은 재료들을 말해요.

조선의 9대 왕인 성종 때에도 대대적으로 숭례문을 손보았습니다. 1478년에 숭례문이 기울어 허물어질 지경에 이르렀다는 기록이 남아 있습니다. 얼른 수리해야 했지만, 당시 공주의 집을 짓는 중이라 수리하지 못하고, 1년 뒤인 1479년에 수리를 했습니다. 당시에 숭례문을 수리하며 주변에 성벽을 한 번 더 두른 옹성을 쌓자는 의견이 많았습니다. 옹성을 쌓으면 적을 좀 더 효과적으로 막을 수 있기 때문입니다. 그러나 성종은 옹성을 쌓으려면 주변의 집들을 철거해야 한다며 실행하지 않았습니다. 그 기록 역시 《조선왕조실록》*과 상량문에 남아 있습니다.

숭례문을 수리한 역사를 알 수 있는 상량문의 기록은 태조 때 2개, 세종 때 1개, 성종 때 2개가 남아 있습니다. 조선 시대에도 숭례문은 꽤 여러 번 수리를 했다는 걸 알 수 있습니다.

세종 상량문(1448년 3월 17일)

★ 조선 시대 제1대 왕 태조부터 제25대 왕 철종까지 472년간의 역사를 기록한 역사서예요.

숭례문의 모습은 어떻게 바뀌어 왔을까?

조선 시대의 수리는 상량문과 《조선왕조실록》에 남겨진 기록으로 알 수 있고, 1900년대부터는 사진으로 숭례문을 만날 수 있습니다.

숭례문과 숭례문 성곽(1904)

1904년 전후 숭례문

1900년대에도 숭례문은 여전히 도성의 출입문 역할을 했습니다. 1904년에 찍은 사진 속에 성곽과 그 안에 살고 있는 사람들을 보면 알 수 있습니다. 모양도 처음 숭례문이 세워졌던 것과 크게 다르지 않습니다.

숭례문에 우리 역사가 다 들어 있다는 말 뜻을 이제야 알겠어!

일제 강점기 숭례문(1915년 추정)

경성 숭례문

1915년에 찍은 사진을 보면 숭례문의 양쪽 성곽이 다 헐린 것을 볼 수 있습니다.

일제 강점기에 일본 왕세자가 숭례문 아래를 지나갈 수 없다며 숭례문을 헐어 버리려고 했습니다. 그러자 많은 백성이 숭례문을 막아섰고, 일본은 숭례문을 허는 대신 숭례문의 서쪽 성곽을 헐어 버렸습니다. 그리고 그 자리에 도로를 만들어 숭례문을 도성의 출입문으로 사용하지 못하도록 했습니다. 일본은 후에 숭례문의 동쪽 성곽도 헐어 버렸습니다. 임진왜란이라는 큰 전쟁에도 굳건히 자리를 지켰던 숭례문은 일제 강점기에 크게 훼손되었습니다.

  6·25 전쟁 때는 숭례문을 사이에 두고 전투가 벌어지기도 했습니다. 총탄이 숭례문을 향해 쏟아졌고, 숭례문에는 흉물스러운 총탄 자국이 남았습니다. 숭례문은 큰 피해를 입어 전쟁 중에 수리해야 할 정도였습니다. 지금의 숭례문 석축에서도 총탄 자국을 볼 수 있습니다.

  한국전쟁 때 급하게 숭례문 수리를 한 뒤에는 처마선이 매끄럽지 못하고, 비가 새고, 추녀가 내려앉는 등 여러 문제가 나타났습니다. 그래서 1961년에 대대적으로 수리를 하기로 했습니다. 각 분야를 대표하는 전문가들이 수리했고, 대공사는 3년 동안 계속되어 1963년에 끝이 났습니다.

  이후에는 숭례문이 차도 한가운데에 있어 멀리서 볼 수밖에 없었습니

도로 가운데 있던 숭례문

다. 차의 매연으로 이곳저곳에 기름때도 끼었습니다. 외롭게 서 있던 숭례문은 2005년에 주변 차로를 정리하고, 주변에 공원을 조성해 다시 가까이에서 볼 수 있게 되었습니다. 하지만 안타깝게도 숭례문에 가까이 갈 수 있게 바꾼 뒤에 숭례문에 불이 나고 말았습니다.

숭례문의 화기를 막기 위한
선조들의 노력

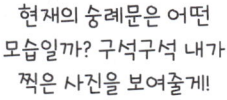

연못이 있던 곳에 표석을 세워 놓았어요.

숭례문 앞에 가면 '남지터'라고 쓰여 있는 비석을 볼 수 있습니다. 남지터는 '남쪽 연못이 있던 자리'라는 뜻으로 숭례문 밖에 있던 연못 자리입니다.

조선 시대에는 풍수지리를 중요하게 생각했습니다. 풍수지리란 땅의 기운을 이해한다는 뜻으로, 땅의 기운에 맞게 건축물을 지어야 사람에게 좋은 기운이 전해진다고 믿는 사상입니다.

숭례문은 남쪽에 지어졌고, 조선 사람들은 남쪽은 뜨거운 기운을 가지고 있기 때문에 불이 잘 날 수 있다고 생각했습니다. 숭례문崇禮門의 한자도 불이 타오르는 모양 같이 생겨 화기불의 기운를 막아야 한다고 믿었지요. 그래서 숭례문의 현판에 글자를 세로로 써서 불이 솟지 못하도록 기운을 막았고, 주위에 연못을 파서 불이 났을 때 바로 끌 수 있도록 만들었습니다.

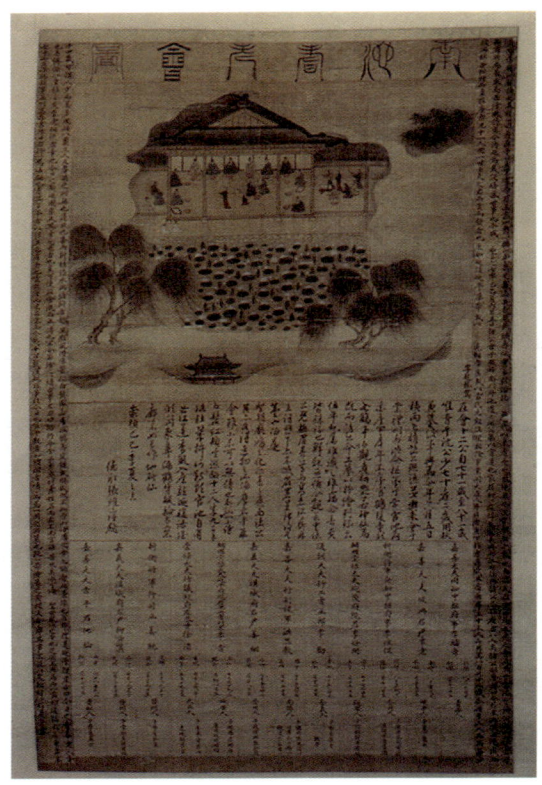

1629년 도화서 화원인 이기룡이 그린 〈이기룡필남지기로회도(李起龍筆南池耆老會圖)〉의 아래쪽에 숭례문과 좌우 성곽이 묘사되어 있어요. 숭례문을 묘사한 가장 오래된 그림이에요.

　1927년에 숭례문 주위를 도로로 만들기 위해 연못을 메웠는데, 그때 연못에서 용과 거북이가 섞인 모양의 유물이 발견되었습니다. 유물 속에는 가운데 불 화火자가 쓰이고, 안팎에 물 수水자가 쓰인 종이가 들어 있었습니다. 조상들이 숭례문의 화기를 막으려고 얼마나 애썼는지 알 수 있습니다.

청동용두의 거북

유물 안에 있던 종이

우물이 아직 있었다면 숭례문은 불타지 않았을까?

지금의 숭례문은 어떻게 다시 지어졌을까?

 하연

안녕하세요! 먼저 자기소개 부탁드릴게요! 아, 잠깐만요. 녹음기 좀 켤게요. 자, 시~작!

 선생님

녹음한다니까 떨리는데요? 흠흠, 안녕하세요. 저는 문화재청 산하기관인 전통건축수리기술진흥재단에서 일하고 있어요. 전통건축수리기술진흥재단은 전통 건축물을 연구하고, 지금까지 건축물을 어떻게 수리해 왔는지, 앞으로 어떻게 수리해야 할지 연구하는 기관이죠.

 하연

와~ 제가 잘 찾아왔네요! 저희는 훼손된 건축 문화재와 수리에 대해 조사하고, 신문을 만들려고 해요.

 선생님

멋진데요? 도움을 줄 수 있는 일이 있다면 힘껏 도울게요!

 하연

감사합니다! 이번에는 '숭례문 수리'를 주제로 신문을 만들고 있어요. 숭례문 수리에 대해 알려주실 수 있나요?

 선생님

숭례문 수리 이야기면 끝이 없겠는데요? 숭례문은 화재 전 모습대로 복구하면서 화재 때 타지 않은 부재들은 최대한 다시 사용했어요. 또 역

한국의 집 기와 작업

사를 다시 찬찬히 살펴보며 처음 모습대로 되살리려고 했지요. 현대의 건축 기술이 아닌 '전통 건축 기술'을 많이 사용했어요. 이렇게 준비 기간을 거쳐 2010년 2월 10일 화재 2주기를 맞아 공사를 시작했고, 3년여의 복구 작업 끝에 현재의 숭례문으로 복구되었지요.

숭례문 수리에 숨겨진
뒷이야기 1

잡상의 수수께끼

선생님

이번엔 더 재미있는 이야기를 들려줄까요? 숭례문 수리에 숨겨진 뒷이야기예요!

하연

와, 그런 이야기를 신문에 실으면 친구들이 정말 좋아하겠는데요? 얼른 들려주세요!

선생님

잡상은 귀신을 쫓고 건물의 위엄을 나타내기 위해 지붕에 올렸던 흙 인형을 말해요. 숭례문의 지붕 위에도 잡상이 있지요. 이 잡상은 홀수로 놓는 원칙이 있어요. 잡상뿐 아니라 궁궐의 칸도 전부 홀수로 만들었지요. 유교를 믿었던 조선 시대에는 홀수를 하늘과 따뜻함을 뜻하는 양의 숫자로 봤거든요. 그런데 조선 후기와 일제 강점기 등을 거치면서 숭례문 1층 잡상들이 훼손되거나 짝수로 올려놓기도 하였어요.

하연

왜 그런 거예요?

선생님

왜 짝수로 올렸는지는 알 수 없어요. 이후 불탄 숭례문을 다시 수리하면서 다시 홀수로 바꿔놓았지요. 지금은 1층 지붕에 7개, 2층 지붕에 9개의 잡상이 놓여 있어요. 2007년에는 잡상 중 하나가 사라진 일도

있었어요. 잡상은 다른 말로 '어처구니'라고도 하는데, 정말 어처구니 없는 일이었어요. 결국 사라진 잡상은 찾지 못했고, 새로 만들어서 올려두었지요.

 하연
지붕에 있던 잡상이 어디로 사라진 걸까요? 잡상은 약간 으스스하게 생겼던데… 설마 스스로 움직인 건 아니겠죠?

숭례문 수리에 숨겨진
뒷이야기 2

진짜 지붕을 찾아라!

 선생님
숭례문의 지붕 모양이 바뀐 이야기도 해 줄게요.

 하연
지붕 모양이 바뀌어요? 숭례문 모양이 변했다는 거예요?

 선생님
맞아요. 숭례문을 연구하는 사람들은 처음 숭례문은 팔작지붕이었을 거라 말해요. 팔작지붕은 옆에서 봤을 때 여덟 팔(八)자 모양으로 생긴 지붕이에요. 그림에서처럼 지붕이 한 번에 쭉 내려오지 않고, 중간에 한 번 꺾여 있는 특징을 가지고 있지요. 현재 숭례문의 지붕은 우진각 지붕이에요. 우진각 지붕도 팔작지붕처럼 네 면이 지붕으로 이루어져 있지만 내려오는 모양이 팔작지붕과 달리 꺾여 있지 않죠? 앞에서 보면 사다리꼴로 보이고, 옆에서 보면 삼각형으로 보여요. 전문가들은 태조 임금님 때의 숭례문은 팔작지붕이었을 거로 추측해요.

팔작지붕

맞배지붕

우진각지붕

하연

사진이 남아 있는 것도 아닌데, 어떻게 조선 시대 지붕 모양을 알 수 있어요?

 선생님

좋은 질문이에요! 숭례문이 팔작지붕이었다고 추측할 수 있는 건 1960년대 숭례문을 수리할 때, 짧은 추녀 위에 기다란 부재가 덧놓아진 부분을 발견했기 때문이에요. 위의 그림에서처럼 처음부터 우진각 지붕이었다면 추녀가 한번에 길게 있어야 하거든요.

 하연

와, 수리하면서 발견한 부재가 증거가 된 거네요?

 선생님

맞아요. 오래된 부재들에는 다 그때의 역사가 들어 있어요. 그러니 수리를 마친 후에도 잘 보관해야 하겠죠?

추녀 부재

불에 탄 숭례문
부재를 보관하는 수장고

하연
선생님, 여기에 불에 탄 숭례문 부재가 보관되어 있다고 하던데 정말인가요?

선생님
네, 이 건물에 '수장고'라는 창고가 있는데 그곳에서 보관하고 있어요. 오래된 부재들이 많아서 늘 적정한 습도와 온도를 유지하고 있는지 살펴보고 있죠.

하연
그런데 숭례문은 다시 세워졌잖아요. 불에 탄 것까지 보관하는 이유는 뭐예요?

선생님
숭례문은 조선 초기에 세워져서 계속 수리를 거치며 보존되어 왔어요. 그래서 숭례문에는 세종 때 수리한 부재, 성종 때 수리한 부재 등 여러 시대의 부재가 남아 있지요. 이 부재들을 연구하고, 조사하면 당시의 건축 기술을 알 수 있어요. 그래서 보존하는 거예요.

하연
그럼 불탄 숭례문 부재를 바로 가져와서 창고에 보관한 건가요?

선생님

아니에요. 불탄 그대로 가져오면 불에 탄 부분은 쉽게 부서지고, 곰팡이가 생길 수 있어요. 이것을 막기 위해 '응급 보존 처리'를 하지요.

 하연

응급 보존 처리요?

 선생님

네, 먼저 곰팡이나 오염된 부분은 제거하고, 불탄 부분의 형태가 변하지 않도록 약품을 발라요. 또 부서져서 조각난 것들은 최대한 다시 이어 맞춘 뒤에 수장고에 들어오는 거예요. 이런 일은 전부 전문가들이 하고 있어요.

 하연

와, 수장고에 들어오기까지도 많은 과정이 있네요. 많은 사람의 노력도 있었고요.

 선생님

그럼요. 수장고에서 보관하는 부재에는 전부 전자태그가 붙어 있어요. 이 태그에 부재가 어디에 있었는지, 언제 수리했는지 등의 정보가 담겨 있어요. 덕분에 쉽게 관리할 수 있지요.

전자 태그가 붙어 있는 수장고 부재들

현승

숭례문에 대한 기사를 찾으면서 불타는 숭례문 사진을 아주 많이 찾았어. 사람들의 안타까운 마음이 고스란히 전해졌지. 다시는 이런 일이 일어나지 않도록 모두 관심을 가져야 해.

민우

숭례문의 옛 사진과 비교해서 지금과 달라진 점을 찾아보니까 재밌었어. 전에 숭례문에 갔을 땐 '남지터'라는 게 있는지도 몰랐는데, 공부하고 가니까 찾을 수 있었어. 너희들도 숭례문에 가서 직접 관찰해 봐. 숭례문의 매력에 푹 빠지게 될걸?

하연

 수장고는 생각보다 굉장히 컸고, 숭례문 부재도 정말 많았어. 완성된 건축물을 봤을 때는 그렇게 많은 나무가 사용됐는지 몰랐는데 뼈대와 바닥, 지붕까지 나무가 굉장히 많이 필요하더라고. 나무를 깎고, 세우는 데 장인들의 노력이 담겨 있다는 것도 깨달았어.

더 조사해 보자

일제 강점기에 훼손된 건축 문화재들

창경원

1. 창경궁

일제 강점기에 가장 크게 훼손된 곳으로 꼽히는 창경궁 사진이에요. 창경궁은 성종 때 세 명의 대비를 모시기 위해 지은 곳으로 2,000칸이 넘는 큰 궁이었죠. 임진왜란 때 완전히 불에 탄 것을 광해군이 다시 지었고, 다시 이괄의 난으로 불이 난 창경궁을 인조가 수리했어요. 창경궁은 오랫동안 왕실의 생활 공간으로 쓰이며 사랑을 받았어요.

창경궁 명정전

 그런데 1907년 일본은 순종의 마음을 달래 준다는 핑계를 대며 창경궁의 전각 60여 채를 헐어 버리고 그 자리에 동물원과 식물원을 만들었어요. 이름도 '창경원'으로 바꿔 버렸죠. 독립 후에도 창경궁은 궁이 아닌 놀이동산으로 쓰였어요. 사람들은 창경궁의 모습을 점점 잊어버렸지요.
 그러다가 전통 문화유산을 지켜야 한다는 의식이 높아지면서 다시 창경궁을 복원해야 한다는 목소리가 높아졌어요. 국민의 요구에 따라 창경원으로 바뀌었던 이름을 창경궁으로 되돌리고, 동물과 식물들은 모두 서울대공원으로 옮긴 뒤에 궁으로 복원하기 시작했어요. 덕분에 지금 종로에 가면 아름다운 창경궁을 볼 수 있어요.
 사실 창경궁을 복원하는 시간보다 '놀이동산'이라는 인식을 '문화유산'이라고 바꾸는 데 더 오랜 시간이 걸렸어요. 우리 문화재를 사랑하고 지켜내려면 먼저 우리의 것을 소중하게 여기는 마음이 필요해요.

2. 석굴암

통일 신라 시대의 유물인 석굴암도 일본에 의해 훼손되었어요. 산속 깊이 있던 석굴암을 발견한 일본은 석굴암에 있던 보살상 2구를 훔쳐 갔고, 아직도 어디에 있는지 알 수 없어요.

유물만 훔쳐 간 게 아니에요. 석굴암을 제멋대로 조사하고, 엉망으로 수리하기도 했어요. 막무가내로 수리한 탓에 석굴암은 1200년 동안 훼손된 것보다 50년 동안 훼손된 게 훨씬 클 정도였죠. 수리 후, 석굴암 내부에는 습기가 찼고, 불상에는 이끼가 꼈어요. 석굴암을 둘러싸고 있던 전각도 허물어 버려서 새들이 들어와 불상 위에 똥을 싸는 경우도 있었지요.

해방 후에 잘못 수리한 부분을 몇 군데 바로잡았지만 이미 많이 훼손되어 돌이키기 어려웠어요. 결국 불상 앞에 유리창을 설치해 외부와 완전히 차단하고, 뒤에 에어컨을 켜 둘 수밖에 없었지요. 석굴암을 통해 잘못 수리한 문화재는 다시 돌이킬 수 없다는 큰 교훈을 깨달았어요.

일제 강점기의 석굴암

소문 신문, 알려 줘!

유물이 발견되었는데도 신고를 하지 않는다고요?

내가 소유한 땅에서 유물이 발견되면 어떻게 해야 할까요? 그럴 때는 국가에 신고하고, 유물을 모두 발굴한 뒤에 땅을 사용해야 해요. 그런데 유물을 발굴하는 비용이 많이 들고, 발굴하는 데 시간이 오래 걸리기 때문에 유물이 나와도 신고를 하지 않는 경우가 많다고 해요.

우리나라에는 규모가 크지 않은 건설 사업지에 매장된 문화재 발굴 비용을 국가에서 지원해 주는 제도가 있어요. 이런 제도를 잘 알고 있다가 활용하면 좋겠죠. 중국이나 그리스 같은 나라는 문화재가 나오면 국가가 모든 비용을 대고 문화재 발굴 작업을 한다고 해요. 이런 법을 우리나라에도 적용해야 한다고 주장하는 사람들도 있어요. '문화재 관리'는 땅 주인만 고민해야 할 문제가 아니고, 모두 함께 고민해야 할 문제가 아닐까요?

문화재가 훼손된 것을 발견하면 어떻게 해야 할까요?

　문화재가 새나 곤충으로 피해를 입은 모습, 금이 가거나 부서진 모습, 낙서나 오물이 묻어 더러워진 모습, 이끼가 끼거나 썩어 있는 모습, 비나 물이 새는 모습, 곰팡이가 생긴 모습, 주변에 풀이 많이 자라 훼손된 모습 등을 발견하면 '문화재청' 사이트에 들어가서 '문화재 훼손신고'를 하면 돼요.

　눈을 크게 뜨고, 우리의 소중한 문화재에 훼손된 곳이 없는지 살펴보자고요!

2. 나무로 만든 문화재를 지켜라!

- 나무는 불에 약하니까 나무로 지은 건축 문화재는 항상 불을 조심해야겠어!
- 나무는 썩기도 쉬울 거 같아. 사람들이 낙서하기도 쉽고 말이야. 우리 이번 신문은 '나무로 만든 문화재'에 대해 조사해 보면 어때?
- 나무로 만든 문화재는 어떤 걸 조심해야 할까?
- 나는 나무로 만든 문화재를 직접 가서 보고 올게! 그럼 두 번째 신문을 시작해 볼까?
- 그래 좋아! 나는 나무로 지은 건축 문화재는 어떻게 수리하는지 선생님께 여쭤봐야겠어!

화암사 우화루

전통 건축에서
꼭 필요한 나무!

　요즘에는 건물을 지을 때 철근과 콘크리트를 주로 사용합니다. 콘크리트는 석회석이 풍부한 우리나라에서 구하기 쉽습니다. 또 철근으로 뼈대를 세우고 콘크리트로 단단하게 벽을 세우면 높은 건물도 튼튼하게 지을 수 있습니다. 때문에 철근과 콘크리트를 섞은 철근콘크리트는 아파트나 도로, 다리, 방파제 등 대부분의 건축물을 지을 때 사용합니다.

　콘크리트가 개발되기 전까지 건축의 주요 재료는 나무였습니다. 나무는 가장 쉽게 구할 수 있는 재료였고, 원하는 모양으로 깎기도 쉬워서 개성을 살린 집을 만들 수 있었습니다. 그뿐 아니라 나무로 집을 지으면 집 안의 습기를 잘 조절하고, 바람도 잘 막아 주고, 소리도 잘 흡수해서 방음 효과도 있습니다. 이런 장점 때문에 나무는 우리나라뿐 아니라 전 세계적으로 가장 많이 쓰인 건축 재료였습니다.

어떤 나무를 썼을까?

세계의 건축물을 살펴보면 각 지역에서 쉽게 구할 수 있는 나무들을 사용해서 건물을 지었다는 것을 알 수 있습니다.

우리나라 전통 건축에는 소나무, 전나무, 느티나무, 참나무 등 다양한 나무들이 쓰였습니다. 사찰을 지을 때는 사찰 주변에 자라는 소나무, 참나무류 상수리나무, 졸참나무 등 도토리나무, 느티나무를 많이 썼고, 궁을 지을 때는 전국에 곧고 크게 자란 소나무를 뗏목으로 운송하여 썼습니다.

조선 시대에는 궁궐을 짓기 위해 따로 소나무를 기르기도 했습니다. 우리 땅에서 자란 소나무가 좋다는 소문이 나자 일제 강점기에 일본인들이 조선의 소나무를 마구 베어가기도 했습니다.

느티나무로 만들어진 영주 부석사 무량수전 기둥

소나무와 전나무로 만들어진 경복궁 근정전 내부

 소나무는 마을 주변부터 산속 깊은 곳까지 넓은 지역에서 자라고, 건축 재료로 쓰기 알맞게 단단하고 튼튼합니다. 또 깎아서 모양을 만들기 쉬워 건물을 짓기에 좋습니다. 송진이 있어 벌레가 쉽게 꼬이지 않아 상처가 많지 않다는 특징도 있습니다. 때문에 오래도록 튼튼하게 서 있는 건물을 짓기 위해 소나무를 많이 사용했습니다.

전통 건축의 뼈대, 나무!

현대는 철근으로 뼈대를 만들지만, 전통 건축에서는 중요한 뼈대를 나무로 만들었습니다.

기둥 기둥은 건물의 무게를 잘 버틸 수 있도록 주춧돌 위에 똑바로 세웁니다. 건축물이 더욱 아름답게 보이도록 기둥의 모양을 둥글게 깎거나 네모반듯하게 깎기도 하고, 위아래의 굵기를 같게 하거나, 기둥 가운데만 뚱뚱하게 만들거나, 위에서 아래로 내려갈수록 점점 굵어지게 깎는 등 여러 방법을 사용했습니다.

보 옛날에는 집에서 가장 중요한 역할을 하는 사람에게 "넌 우리 집안의 대들보야!"라는 말을 했습니다. 보는 지붕과 기둥을 이어주며 지붕의 무게를 기둥으로 전달하는 역할을 합니다. 보가 빠지면 건물이 와르르 무너지기 때문에 보는 전통 건축에서 가장 중요한 부분입니다. 대들보는 보 중에서 가장 아래쪽에 있으며, 당연히 크기도 가장 큽니다.

문과 창 문과 창도 나무를 깎아 만들었습니다. 나무로 위엄 있는 대문을 만들기도 하고, 나무로 살을 만들어 창을 내기도 했습니다.

서까래와 도리 서까래는 지붕의 뼈대가 되는 나무입니다. 서까래 위를 나무와 흙으로 채운 뒤, 기와를 얹으면 지붕이 됩니다. 도리 위에 서까래가 걸쳐서 올려집니다.

현판 궁궐이나 절, 누각, 사당에는 나무판 위에 글자나 그림을 새겨 문 위나 벽에 달았는데, 이것을 현판이라고 합니다. 커다란 현판은 나무 하나를 깎아서 쓸 수 없는 경우가 많았습니다. 이럴 때는 여러 나무 조각을 붙여 하나의 현판을 만들었습니다.

불타는 낙산사 보타락

……

나는 숭례문처럼 불이 났던 문화재 취재를 다녀왔어! 이렇게 많은 문화재에 불이 났을 줄이야…. 앞으로 더욱 조심해야겠어.

불에 약한
목조 문화재

①쌍봉사 대웅전

쌍봉사 대웅전은 조선 중기인 1628년에 중건한 정사각형 모양의 3층 전각입니다. 지어진 모습에서 변형이 많이 되지 않아서 보물 163호로 지정하고, 보호하고 있었습니다. 그런데 1984년에 쌍봉사 대웅전은 한 신도의 부주의로 불타 버리고 말았습니다. 너무 많이 훼손되어서 보물에서도 해제되었습니다. 문화재관리국에서는 쌍봉사 대웅전의 자료들을 수집해 1986년에 원형대로 복원했습니다. 처음 지어졌던 모습대로 다시 지어지긴 했지만, 다시 보물로 지정되지는 못했습니다.

쌍봉사 대웅전

② 금산사 대적광전

금산사는 삼국시대에 지어진 사찰입니다. 삼국시대에 지어진 후, 임진왜란을 지나며 불타버렸고, 조선 시대에 다시 중건했습니다. 금산사의 중심인 대적광전 안에는 수많은 불상이 세워져 있었습니다. 그런데 1986년 12월, 원인을 알 수 없는 불이 났습니다. 다행히 금산사 안에 있던 다른 건물들은 많이 타지 않았지만, 대적광전은 전부 타 버렸습니다. 조선 시대에 불타 버렸던 것을 다시 세울 만큼 오래도록 귀하게 여겼던 문화재가 또다시 눈앞에서 사라지고 말았습니다. 현재는 이전 자료를 바탕으로 같은 위치에 다시 세워졌습니다.

화재 전 금산사 대적광전

③ 구룡사 대웅전

구룡사는 이름에 '용'이 들어가는 것처럼 용과 관련된 전설이 많은 사찰입니다. 화려한 연꽃과 봉황, 구름무늬 등의 장식이 많이 사용되어 매우 화려하고 장엄한 사찰이지요. 구룡사 대웅전은 강원도 유형문화재 제24호로 보존되어 오던 중 2003년에 일어난 화재로 전부 불타 버리고, 유형문화재에서 해제되었습니다. 이후에 실측 보고서를 토대로 복원되었습니다.

구룡사 대웅전

④ 낙산사

2005년 4월 4일 오전 강원도 양양 일대에 큰불이 났습니다. 불은 쉽게 꺼지지 않았고, 많은 사람이 대피했습니다. 불은 산속에 있는 여러 문화재도 덮쳤는데, 동해안의 유명한 사찰인 낙산사가 큰 피해를 입고 말았습니다. 낙산사는 강원도 영동 지방의 빼어난 절경을 뜻하는 관동팔

화재의 피해를 입은 낙산사 동종

경 가운데 하나로, 강원도를 대표하는 사찰 중 하나였습니다. 낙산사의 건물 14동이 전부 불탔고, 보물 479호인 낙산사 동종도 녹아내렸습니다.

낙산사는 몇 년에 걸쳐 다시 지어졌고, 낙산사 동종도 다시 주조되어 낙산에 안치되었지만, 다시 보물로 지정되지는 못했습니다.

복구된 낙산사의 모습

낙서로 훼손되는 문화재들

나무로 만들어진 건축 문화재는 나무의 특성상 썩거나 뒤틀릴 수 있습니다. 그래서 나라에서는 문화재를 주기적으로 살펴보고, 나무를 교체하거나, 건물을 해체해서 수리한 뒤 다시 조립해 놓기도 합니다.

그런데 나무의 교체 시기가 되지 않았는데 수리를 해야 할 때가 있습니다. 문화재를 아끼지 않는 사람들 때문입니다. 문화재 위에 낙서를 하거나, 칼로 상처를 내는 사람, 아무도 보지 않는 틈을 타서 소변을 보거나 발로 차는 사람도 있습니다.

해외의 문화재에도 한글로 쓰인 낙서가 눈에 띈다고 합니다. 자연 현상 때문에 수리하는 건 어쩔 수 없지만, 문화재를 아끼지 않는 행동 때문에 수리를 해야 하는 건 안타까운 일입니다.

> 취재를 하며 보니까 문화재에 낙서가 돼 있는 경우가 많았어. 문화재에 내 이름을 쓰는 게 후손들이 문화재를 보는 것보다 중요한 일일까?

나무로 만들어진 문화재는 어떻게 수리하는 걸까? 선생님께 여쭤보자!

목조 문화재를
오랫동안 지켜온 방법

하연
선생님, 나무로 만든 문화재는 보존하기 힘들 것 같아요. 불이 나기도 쉽고, 낙서에도 약하잖아요.

선생님
맞아요. 나무는 불과 낙서뿐 아니라, 흰개미 때문에 훼손되기도 해요.

하연
개미가 건축물을 훼손한다고요?

선생님
네, 흰개미는 나무를 갉아먹으며 서식하는데, 목조 건축물은 흰개미에게 딱 좋은 서식지예요. 원래는 우리나라 일부 지역에서만 살았는데, 지구온난화로 인해 이제는 전국에서 흰개미가 발견돼요. 나무 건축물의 또 다른 적이 생긴 셈이죠.

하연
그럼 개미를 잡아야겠네요? 근데 나무 속에 있는 개미를 어떻게 찾아내죠?

선생님
좋은 질문이에요. 사람이 직접 개미를 찾기 힘들기 때문에 훈련받은 흰개미 탐지견의 도움을 받아 흰개미의 서식지를 찾아내요. 흰개미 탐지견과 주기적으로 건축 문화재를 돌며, 흰개미가 어디에 서식하는지를 알아내죠.

하연
우아, 개의 후각에 도움을 받는 거네요.

선생님
서식지를 찾아낸 뒤에는 방역을 해서 흰개미를 없애는데, 방역할 때 오래된 건축물이 상하지 않도록 천연 약제를 사용하고 있어요.

하연
문화재를 보호하기 위해서는 늘 고민하고, 새로운 기술을 개발해야 하겠네요.

수리하기 전에
꼭 해야 하는 것!

 선생님

모든 문화재는 수리하기 전에 중요한 과정을 거쳐요. 바로 원칙을 세우는 거예요. 신문을 만들기 전에 어떤 주제의 신문을 만들지 먼저 정하는 것처럼요.

 하연

"〈소문 신문〉은 소중한 우리 문화재를 알리고 아끼는 방법을 알려주는 신문으로 만들자!"라고 정한 것처럼요?

 선생님

맞아요. 숭례문을 고치기 전에도 원칙을 정했어요. 숭례문 복구공사에는 어떤 원칙이 세워졌는지 알려줄게요.

> **첫째,** 숭례문의 성문은 화재 전 모습 그대로 복구한다.
> **둘째,** 기존 부재들은 최대한 다시 사용한다.
> **셋째,** 우리나라 최고의 장인들이 참여해서 전통 기법과 도구를 사용해 복구한다.

이런 원칙들을 세워놓고 숭례문을 수리했어요. 숭례문의 마루는 1960년대에 수리하며 변형되었는데, 이것도 그 이전의 모양으로 되돌려 놓기로 했지요. 최대한 처음의 모습을 지키려고 한 거예요. 다른 예를 들어 볼까요? 이건 숭례문을 수리하기 전 모습과 수리한 후의 모습이에요. 달라진 점을 찾을 수 있나요?

수리 전

수리 후
용마루
추녀마루
현판
성곽

뭐가 달라진 거죠?

1907년에 철거되었던 성곽을 다시 복원했고, 1960년대 수리로 용마루가 짧아지고 추녀마루가 모두 곡선으로 변했던 것을 원래의 모습에 가깝게 만들었어요. 조선 시대 단청의 흔적도 찾아 고쳤죠. 현판 글씨도 바로잡았고요.

선생님

그런 큰 수리를 빼고는 다른 점을 찾기 힘들 거예요. 수리가 필요한 문화재는 먼저 문화재의 모습을 기록한 뒤에 해체하고 수리하고 있어요. 또 다시 조립할 때는 역사 속에 남아 있는 기록들을 찾아 처음 만들어졌던 모습대로 만들려고 노력하지요. 원래 모습이 아닌 다른 모양으로 수리한다면 문화재의 의미를 잃게 되겠죠?

하연

와, 정말 감쪽같아요.

선생님

겉모습뿐 아니라 문화재의 내부까지 그대로 유지하려고 노력해요. 이렇게 원래 모습대로 만드는 건 쉬운 일이 아니에요. 당시의 건축 양식을 잘 알아야 하고, 그 시대에 쓰였던 기술을 아는 사람들이 필요하죠. 건축 문화재에서 중요한 역할을 하는 나무도 최대한 고쳐서 사용해요. 조금 금이 갔다고 바로 교체하거나 버리지 않아요. 다만, 교체하지 않으면 무너져 버리거나 훼손될 가능성이 있는 경우에는 부재를 교체하기도 해요.

숭례문 수리에 숨겨진
뒷이야기 3

제 나무를 써 주세요!

선생님
다시 지어진 숭례문의 나무는 어디에서 왔을까요?

하연
소나무가 정말 많이 필요했을 텐데 어떻게 구했어요?

선생님
먼저 불타지 않은 부분은 원래 있던 부재를 그대로 사용했어요. 불에 조금 탄 부재는 탄 부분을 잘라내고 새 나무를 이어 붙였지요. 복구가 불가능한 부재는 다른 나무로 교체해야 했는데, 하연이의 말처럼 소나무가 아주 많이 필요했어요. 지금 숭례문이 된 나무의 일부는 숭례문이 불타는 걸 안타깝게 본 국민들이 기르던 소나무를 기증한 것이에요. 정부에서는 기증받은 나무를 꼼꼼하게 따져보고 기준에 맞는 소나무를 사용했어요.

하연
와, 감동이에요. 그럼 나머지 소나무는 어디서 가져왔어요?

선생님
숭례문을 짓는 데는 기증받은 소나무의 수십 배가 더 필요했어요. 나머지 부재로 쓰일 나무를 찾은 곳은 강원도 삼척에 있는 준경묘였어요. 준경묘는 조선을 세운 이성계의 5대조* 무덤으로 이 주변에 소나

★ 태조 이성계의 5대 위의 할아버지예요.

무 숲이 있었어요. 이 소나무 숲에서 자란 소나무는 붉은빛이 돌고, 마디가 길게 자랐고, 나뭇결이 곱고 단단했어요. 이런 소나무는 나중에 휘거나 트지 않지요. 송진이 많아 잘 썩지 않고, 나이테도 촘촘하고 간격이 일정해 숭례문을 짓기에 안성맞춤이었어요.

하연

좋은 나무를 찾아서 다행이에요! 덕분에 튼튼한 숭례문이 완성되었군요. 베어진 소나무도 숭례문이 되는 걸 자랑스러워했을 것 같아요.

선생님

그랬으면 좋겠네요. 그런데 소나무를 베기 전에 먼저 나무에게 예의를 갖춘다는 거 알고 있나요? 조선 시대에는 귀한 나무를 베기 전에 산신제라는 제사를 지낸 뒤에 나무를 베었어요. 산신과 나무의 영혼을 달랜다는 의미였지요. 음식을 차려서 제사를 지낸 다음, "어명이요!"라고 외친 뒤, 나무를 베었어요. 숭례문을 복구할 때도 제사를 지내고 나무를 베었지요.

숭례문 수리에 숨겨진
뒷이야기 4

숭례문을 레고처럼 조립했다고?

하연
나무를 구했으니까 바로 공사를 시작했겠네요?

선생님
네, 그런데 건물을 짓기 전에 먼저 해야 할 일이 있어요. 베어온 나무는 먼저 '치목'의 과정을 거쳐요. 치목은 나무를 다듬는 것을 말해요. 나무를 다듬고 조립할 때는 전통 기법을 사용했어요. 옛날에는 목수와 별도로 목재를 켜는 장인이 있었어요. 큰 부재를 쓰임새에 맞게 다듬는 일을 하는 장인이지요. 현대에는 건물을 지을 때, 기계에 넣고 나무를 다듬지만, 숭례문을 지을 때는 전통 기법대로 장인이 도끼나 톱, 자귀 등을 이용해 나무를 다듬고, 대패질을 해서 나무를 깎았죠. 기둥에 쓰일 나무는 기둥에 맞게 다듬고, 서까래에 쓰일 나무는 서까래에 맞게 다듬는 거예요.

다듬어진 나무는 '조립'을 해요. 마치 레고 조립처럼 한 부분은 구멍을 내고, 다른 나무는 튀어나오게 깎아서 둘을 끼우는 거예요. 쓰임에 맞게 나무를 깎고 맞추는 일은 전문가가 아니면 하기 힘들어요. 전통 건축에서 나무를 다듬고 조립하여 집을 짓는 것을 총괄하는 사람을 '대목장'이라고 해요.

숭례문 수리에 숨겨진
뒷이야기 5

조각난 숭례문 현판을 되살려라!

하연

선생님, 숭례문의 현판도 나무로 만든 거죠? 그럼 화재 때 불에 타버렸나요?

선생님

불이 났을 때 현판은 불에 타지 않았지만, 바닥으로 떨어져 테두리의 일부 부재가 떨어져 나갔어요. 다행히 나중에 떨어진 조각들을 찾을 수 있었지요. 그런데 숭례문의 현판을 확인한 사람들은 깜짝 놀랐어요.

하연

숭례문 현판에 무슨 일이 있었길래요?

선생님

과거에 숭례문의 현판이 부서질 때마다 뒷면에 계속 덧대서 수리한 흔적이 남아 있었거든요. 무려 서른여덟 조각으로 나뉘어 있었어요. 한국 전쟁 때 총탄을 맞았던 흔적도 남아 있었지요. 결국 현판은 새로 제작해서 달기로 했어요.

하연
숭례문 현판도 결국 다시 만들어야 했군요. 처음 만들어졌을 때와 똑같이 다시 만든 건가요?

선생님
숭례문 현판은 누가 썼는지 정확하게 알려져 있지는 않았어요. 태종의 첫째 아들이자 세종의 형인 양녕대군이 썼다는 기록도 있었고, 조선 전기 문예가인 정난종이 썼다는 기록도 있었지요. 누구의 글씨로 숭례문 현판을 쓸지 고민하던 중에 양녕대군의 사당에서 나무에 쓰여진 글씨를 종이에 찍어낸 숭례문 탁본이 발견되었어요. 이 탁본과 숭례문의 현판을 비교해 보니 글씨체와 현판의 나뭇결까지 똑같았어요.

하연
다행이네요!

선생님
양녕대군의 사당인 지덕사에서 발견된 탁본으로 만든 현판이 현재 숭례문에 걸려 있어요. 숭례문에 가면 현판을 자세히 보세요. 처음 숭례문을 쓴 분의 마음과, 그 글씨를 그대로 지켜내기 위해 애쓴 사람들의 마음이 모두 느껴질 거예요.

현승

전통 건축에서는 나무를 빼놓고 설명할 수 없어. 나무가 건축의 뼈대가 되니까 말이야. 나무로 지은 집은 콘크리트로 지은 집보다 따듯한 느낌을 주는 것 같아. 나도 나중에 나무로 지은 전통 한옥에 살아 보고 싶어.

민우

화재로 무너진 목조 문화재가 이렇게 많은 줄 몰랐어. 이제 국보와 보물로 지정된 목조 문화재는 200여 점밖에 남지 않았대. 불타서 없어진 건축물을 빼고, 가장 오래된 목조 건축물은 안동에 있는 봉정사 극락전이야. 고려 중기에 지어진 건축물이지. 오랜 역사를 간직하고 있는 문화재를 후손들도 볼 수 있도록 더욱 아끼고 보살펴야겠지?

하연

 선생님이 숭례문의 나무로 만들어진 부분의 수리 과정을 자세히 알려 주셨어. 나는 특히 숭례문의 현판 이야기가 재밌었어. 딱 필요할 때 현판에 쓰일 글씨를 찾아낸 것도 한 편의 드라마 같아.

조사해 보자

전통 건축 장인들

전통 건축을 수리하고 다시 짓는 데 어떤 사람들의 도움이 필요할까요? 전통 건축 현장에서 일하는 전문가들을 알아보아요!

대목장 고려 시대에는 '대목'으로 불렸고, 조선 시대에는 '도편수'라고 부르기도 했어요. 현재는 '대목장'이라고 불리며 전통 건축에서 나무로 집 전체의 뼈대를 제작하는 일을 해요. 다른 모든 분야의 전문가를 대표하고, 건축을 총괄하는 역할도 하고 있지요. 대목장과 구별해서 '소목장'은 실내 가구를 만들며 집 안의 소품을 만드는 장인을 가리켜요. 세종 때 숭례문 수리를 담당했던 대목은 무관 벼슬이 있는 사람이었어요. 불교 사찰을 지을 때는 스님이 대목이 되어 공사를 주관하기도 했지요.

석장 석장은 돌을 다듬어 불상, 석탑, 석교 등을 만드는 장인이에요. 우리나라에는 화강암이 많이 나기 때문에 주로 화강암을 망치나 정 등으로 다듬어 작품을 만들었어요. 숭례문의 성곽이나 육축도 석장이 만들어요.

제와장 전통 건축물의 지붕을 살펴보면 여러 모양의 기와를 볼 수 있어요. 제와장은 다양한 모양의 기와를 만들어요. 진흙으로 된 점토를 반죽해서 틀에 넣고, 건조하고 잘라 가마에 구워서 만들지요. 삼국 시대에는 기와 기술이 발전해서 일본에 기술을 전해주기도 했어요. 조선 시대에는 기와를 만드는 기관을 설치해서 대대적으로 기와를 만들기도 했지요.

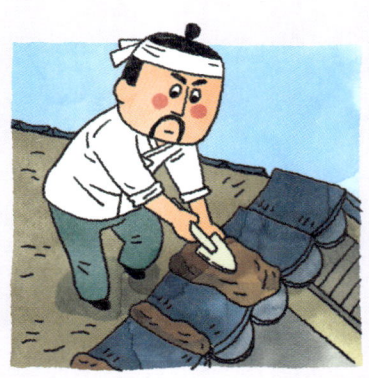

번와장 지붕의 기와를 잇는 장인을 말해요. 번와장은 한국 전통의 특성인 곡선미를 잘 살려 지붕에 기와를 쌓아요.

단청장 단청은 건축물에 여러 가지 무늬와 그림을 그려 장엄하게 장식하는 것을 말해요. 단청장은 주로 사찰이나 서원, 궁궐에 아름다운 그림을 그렸어요.

소문 신문, 알려 줘!

언제 만들어진 건지 어떻게 알까?

전통 건축물의 역사를 연구하려면 언제 만들어졌고, 언제 어떤 수리를 했는지 알아야 해요. 역사 기록에 남아 있는 것도 있지만 기록이 확실한지 조사해 봐야 하고, 기록이 남아 있지 않은 부재도 조사를 해야 하죠. 이럴 때는 '나이테 연대 측정법'이라는 기술을 사용해요. 나이테를 활용해서 측정한다는 뜻이에요. 나이테는 1년에 하나씩 생기고 비슷한 지역의 나무들은 나이테 너비가 비슷해요. 건축에 쓰일 크기의 소나무는 보통 150개, 많게는 300개의 나이테가 있어요. 이런 특성을 이용해서 현재 자라는 나무로부터 나이테 너비 패턴을 만든 뒤에 자란 연도를 표기하여 나이테 연대기를 만들고, 건축에 사용된 목재의 나이테와 비교해 보는 것이죠.

도난당했던 숭례문 목판을 찾았다고?

문화재청 사범단속반은 지난 2019년 5월, 도난당했던 숭례문 현판 목판본을 찾았어요. 숭례문 목판본은 1827년경 양녕대군의 후손들이 새겨서 전라남도 담양에 있는 몽한각에서 보관 중이었는데, 숭례문이 불탄 해에 도난당했던 것이었어요. 도둑들은 숭례문 목판본을 비닐하우스에 숨겨두고, 공소시효가 끝난 뒤에 팔려고 했어요. 하지만 이 계획은 문화재청 사범단속반에 걸려 무산되었지요. 비닐하우스에는 숭례문 목판본뿐 아니라 조선 시대 세계지도인 보물 제1008호 〈만국전도〉 등 문화재가 123점이나 숨겨져 있었어요. 범인을 잡지 못했다면 우리 문화재들이 이곳저곳에 팔릴 뻔한 것이지요.

지금까지 우리나라 문화재 도난 사건은 590건이 넘어요. 문화재청 사범단속반은 이런 도난 사건이나 외국으로 몰래 유출되는 문화재를 단속하고 문화재를 도로 거둬들이는 일을 해요. 문화재를 지키기 위해 참 많은 사람들이 일하고 있죠?

3

돌로 만든 문화재를 지켜라!

좋았어! 그럼 이번엔 '돌로 만들어진 문화재'를 주제로 신문을 만들어 보자!

나도 돌로 만든 문화재가 어디 있는지 알아보고 직접 찾아가 볼게. 다음 회의 때 만나자!

그럼 나는 인터뷰를 하러 출발할게!

단단한 돌은 어떻게 쓰였을까?

① 기단

　기단은 탑이나 건축물 아래에 지면보다 높게 쌓은 단을 말합니다. 우리나라 전통 건축은 거의 나무로 지은 목조 건축입니다. 나무는 습기에 약해 비나 눈이 내리면 나무가 땅의 습기를 흡수해 썩을 수 있어서 나무 아래에 돌을 놓고 건물을 세웠습니다. 숭례문이나 광화문도 큰 돌로 기단을 먼저 쌓고, 건물을 쌓았습니다. 성문을 쌓기 위해 큰 돌로 만든 기단은 육축이라고 합니다.

② 주춧돌

　전통 건축의 기둥도 나무로 되어 있어서 썩으면 건물 전체가 무너져 내리기 때문에 기둥 밑에도 돌을 놓았습니다. 이렇게 건축에서 기둥 밑에 놓는 돌을 주춧돌이라고 합니다.

　주춧돌은 기둥이 썩지 않도록 도와줄 뿐 아니라 건축물 전체의 무게를 받쳐 줍니다. 주춧돌을 중요하게 생각했던 조상들은 주춧돌을 머릿돌이라고 불렀으며, 주춧돌 놓는 것을 정초라고 했습니다.

보신각 터 출토 주춧돌

③ 성곽

성곽은 적군을 막기 위하여 높이 쌓아 만든 담을 말합니다. 왕이 사는 곳을 지키기 위해 만든 도성, 백성이 사는 곳을 지켜 주는 읍성, 전략상 요충지를 지키기 위해 세운 진영, 변방을 지키기 위해 쌓은 보 등 역할에 따라 이름도 많습니다.

삼국 시대 이전에는 흙으로 쌓은 토성이 많았습니다. 토성은 비가 내

서울 한양도성

리고 난 뒤에 쉽게 허물어져 다시 쌓아야 하는 번거로움이 있습니다. 후에는 이를 보완할 수 있는 석성돌로 만든 성곽으로 바뀌었습니다.

④ 탑과 석상

탑과 석상은 주로 불교에서 많이 만들어서, 절에 가면 탑을 어렵지 않게 볼 수 있습니다. 10원짜리 동전에 들어가 있는 경주 불국사의 다보탑은 예술적이고 역사적인 가치를 인정받았습니다. 조선 시대에는 왕이 죽으면 무덤을 만들고 그 주위에 사람의 모습을 한 석상들을 세워두기도 했습니다.

석가탑

다보탑

문화재마다
다른 돌을 썼다고?

과거에는 무거운 돌을 구하러 멀리까지 갈 수 없었기 때문에 주변에서 가장 쉽게 구할 수 있는 석재를 조각이나 건축에 사용했습니다. 그래서 유럽의 조각물들은 대리석으로 만든 게 많고, 제주도에는 구멍이 뽕뽕 뚫린 현무암으로 만든 돌하르방이 많습니다.

우리나라에서 가장 많이 쓰인 석재는 화강암입니다. 석탑이나 건축물의 기단, 성곽 등에 단단한 화강암이 주로 쓰였습니다.

① 화강암

화강암은 가장 자주 쓰이는 석재입니다. 화강암은 단단하고, 컬링에 쓰이는 스톤을 만들 정도로 습기에 강합니다. 이런 특징 때문에 주로 건축물을 받치는 주춧돌로 많이 쓰입니다. 문화재 중에서는 익산 미륵사지 석탑이 화강암으로 만들어졌습니다.

익산 미륵사지 석탑

② 현무암

제주 불탑사 오층석탑은 제주에서 많이 볼 수 있는 현무암으로 만든 탑입니다. 다른 탑보다 검고 구멍이 많이 나 있는 걸 볼 수 있습니다.

제주 불탑사 오층석탑

> 어떤 돌로 만들었는지에 따라 느낌이 정말 다르구나!

③ 응회암

응회암은 바람이나 비 등에 변색이 되기 쉬운 돌이지만 다른 돌에 비해 무른 편이어서 조각하기에 비교적 쉽습니다. 응회암으로 만들어진 문화재로는 경주 감은사지 동서 삼층석탑이 있습니다.

경주 감은사지 동서 삼층석탑

④ 석회암

석회암은 시멘트의 원료이기도 합니다. 강원도에서 주로 나기 때문에 강원도에 있는 사찰에서 석회암 탑을 찾기 쉽습니다. 동해 삼화사 삼층석탑과 정선 정암사 수마노탑이 석회암으로 만들었습니다.

동해 삼화사 삼층석탑

정선 정암사 수마노탑

❺ 대리석

대리석은 광택이나 빛깔이 좋고 조각하기에 알맞은 석재입니다. 그래서 대리석으로 만들어진 석탑에는 멋진 조각이 많이 들어가 있습니다. 개성 경천사지 십층석탑과 서울 원각사지 십층석탑이 대표적인 예이지요. 그런데 산과 열에 약한 특성이 있어서 산성비가 내리면 녹아내릴 수 있습니다.

개성 경천사지 십층석탑

서울 원각사지 십층석탑

도동서원 중정당 기단의 용두

나는 건물의 기단과 주춧돌을 직접 보고 왔어. 모두 다 똑같이 생긴 걸 왜 찾아서 보냐고? 내가 찍은 사진을 보면 생각이 달라질걸?

경주 불국사 석축

돌을 쌓는 방법도 여러 가지!

　기단이나 성곽, 담의 모양을 자세히 살펴보면 여러 가지 방식으로 쌓은 걸 볼 수 있습니다. 주변의 돌로 아무렇게나 쌓아 올린 담도 있고, 돌을 잘 깎아서 촘촘히 쌓은 성곽도 있습니다. 주변에 있는 돌로 쌓은 성곽도 있고, 화강암을 깎아서 반듯하게 쌓은 기단, 벽돌을 구워서 쌓은 담도 있습니다.

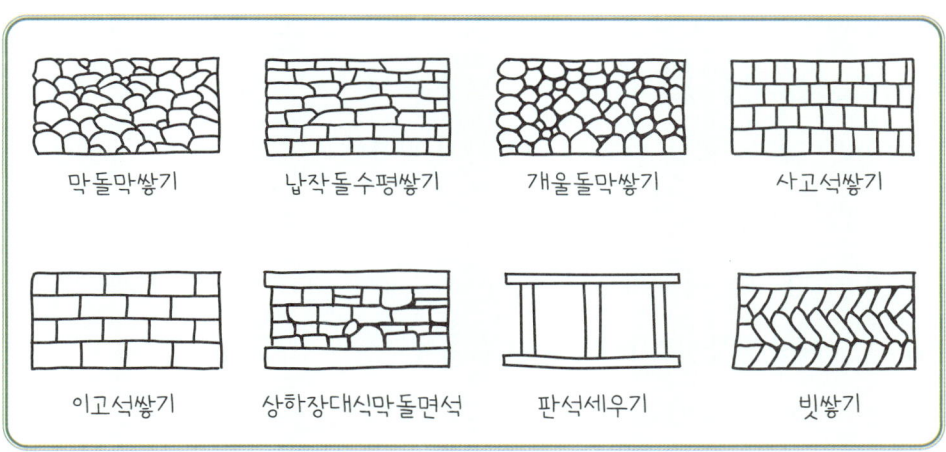

　가까이에서 만날 수 있는 건축 문화재에는 어떤 방식으로 돌이 쌓여 있는지 확인해 보세요.

기둥을 받쳐 주는 주춧돌

우리나라 전통 건축의 가장 큰 특징 중 하나는 자연과 잘 어우러진다는 점입니다. 주춧돌에도 화려한 모양을 내는 것보다 자연 그대로 사용하는 경우가 많았습니다. 기둥이 미끄러지지 않을 정도의 돌을 골라 그대로 사용한 것이지요. 이렇게 다듬지 않고 그대로 사용한 초석을 '덤벙주초'라고 합니다. 덤벙덤벙 놓은 것 같다고 해서 붙여진 이름입니다.

사원을 지을 때는 일반 집을 지을 때와 달리, 돌을 다듬어서 주춧돌을 놓았습니다. 기둥과 닿는 부분을 둥그렇게 만든 것도 있고, 육각형, 팔각형으로 깎은 것도 있습니다. 연꽃 모양을 넣어 화려하게 만든 주춧돌도 있습니다. 불교에서는 연꽃을 신성하게 생각했기 때문에 연꽃 모양 주춧돌을 많이 놓았습니다. 거북이 모양을 초석으로 놓은 건축물도 있는데, 거북이가 장수를 상징하는 동물이라 그 집에 사는 사람이 오래 살기를 바라는 마음, 거북이가 물에 살기 때문에 불로부터 건물을 지켜달라는 마음이 담겨 있습니다.

주춧돌에 모양이 있다는 건 처음 알았어!

장초석(긴 초석)

자연석 초석

연꽃 모양 초석

돌로 만든 문화재는 항상 튼튼할까?

돌은 나무보다 단단하기 때문에 성곽이나 탑과 같이 야외에 놓인 경우가 많습니다. 하지만 돌로 만들어진 문화재도 훼손이 된 경우가 많습니다. 나무와 마찬가지로 불이 나면 돌로 만든 문화재도 훼손됩니다.

양주 회암사지 선각왕사비(현장에 남아 있는 부분)

회암사지 선각왕사비는 고려 시대 승려인 나옹을 추모하기 위해 세워진 비석으로 1997년에 불에 타 버리고 말았습니다. 불이 나며 오랜 기간 세워져 있었던 비각이 다 타 버렸고, 비석도 많이 상하고 말았습니다.

국립문화재연구소에서는 훼손된 비석을 보존 처리를 한 뒤 박물관에 보관하였습니다. 예전에 비석이 세워져 있던 자리에는 비석을 받치고 있던 받침돌 귀부만 남아 있습니다.

화재뿐 아니라 자연재해로 석탑의 모양이 틀어지는 경우도 있습니다. 특히 맨 아래에서 건물이나 탑을 받치고 있는 돌은 건물과 윗돌의 무게를 지탱해야 하므로 훼손되기가 쉽습니다.

야외에 세워진 돌탑은 깨지기도 합니다. 물은 얼면 부피가 커지기 때문에 겨울에 돌에 스며든 물이 얼면서 돌이 부서지는 것이지요.

이런 자연 재해뿐만 아니라 낙서로 인해 망가지기도 합니다. 야외에 길게 놓여 있는 성곽에는 종종 누군가 낙서해 놓은 것을 찾을 수 있습니다.

평범한 돌처럼 보이는 성벽에는 직접 돌을 깎고, 쌓았던 조상들의 손길이 묻어 있어. 그러니까 야외에 있는 문화재도 깨끗하게 보존해야 해.

첨단 기술로
문화재의 문제를 찾아내다!

하연
선생님, 석탑이나 주춧돌, 성곽처럼 돌로 만들어진 문화재도 수리가 필요한가요?

선생님
그럼요.

하연
돌로 만들어진 문화재는 언제나 튼튼한 줄 알았어요.

선생님
깨지거나 틀어지는 것 말고도, 바닥에 있는 돌에 이끼가 끼는 일도 있지요. 그래서 석조 문화재도 주기적으로 점검을 하고, 문제가 발견되면 수리를 해요.

하연
돌로 만든 문화재는 수리하기가 힘들 것 같아요. 수리하려면 무거운 돌을 들어서 옮겨야 하잖아요.

선생님
문화재는 주기적으로 검사를 하는데, 그때마다 문화재를 해체하고 다시 쌓을 수는 없지요. 하연 기자 말대로 무겁기도 하고, 다시 쌓으면서 모양이 틀어져 버리면 큰일이니까요. 그래서 최근에는 첨단 기술을 이용해서 문화재를 점검해요.

하연
전통 건축을 첨단 기술로 수리한다니! 대단한데요? 어떤 기술을 이용하는 거예요?

선생님
3D 스캔에 대해 들어본 적 있어요? 3D 스캔으로 레이저를 문화재에 비추고 빛이 반사돼 돌아오는 시간을 계산해서 3차원으로 도면을 만들어요. 크기, 재료, 형태, 위치까지 알 수 있어서 이전 3D 스캔과 최근 것을 비교해 보면서 탑이 기울지는 않았는지 변형된 것은 없는지 쉽게 알 수 있지요. 숭례문을 복구할 때도 미리 해 놓았던 3D 스캔 자료를 이용해서 보다 정확하게 복구할 수 있었어요.

하연
3D 스캔을 이용하면 건축물을 점검하는 데 들이는 수고를 많이 줄일 수 있겠어요.

선생님
3D 스캔뿐 아니라 내시경 조사를 하기도 해요. 내시경은 주로 병원에서 장기 검사를 위해 많이 사용하는데, 건축물에서도 탑 속을 볼 때 사용해요. 탑의 좁은 틈에 내시경 기기를 넣고, 내부를 관찰하는 거죠. 내부에 문제가 생기지 않았는지 손쉽게 살펴볼 수 있어요.

수리하고 다시 쌓기

하연
그래도 문제가 발견되면 해체하고 다시 쌓아야 하는 거죠?

선생님
네, 석탑에 수리가 필요할 때에는 석탑 전체를 해체하고, 다시 쌓기도 해요. 대신 석탑을 수리하기 전에 3D 스캔, 부재 상태조사, 지반조사와 같은 방법으로 정확하게 크기와 위치를 재고 안전성을 검토해 조심스럽게 해체하지요. 해체한 뒤에는 문제가 된 부분을 수리해요. 기울거나 흔들린 석탑은 단단하게 고정하기 위해 석탑 안에 단단한 금속을 박아서 고정하고, 깨진 돌은 같은 종류의 암석을 붙여서 모양을 만들기도 해요. 사용이 불가능한 부분이 있으면 직접 채석장에서 돌을 구하고, 다듬어서 만들어요. 이렇게 수리를 마친 석탑은 다시 원래의 모양대로 균형을 맞춰 쌓아 준답니다.

숭례문 수리에 숨겨진
뒷이야기 6

숭례문 성곽 세우기

선생님
다시 숭례문 이야기를 해 볼까요? 숭례문의 육축과 성곽은 돌로 만들어졌어요. 화재 후 숭례문을 조사해 보니, 다행히 육축은 다시 쓸 수 있었어요.

하연
그럼 석재 공사는 없었어요?

선생님
아뇨, 1907년에 일본이 허물었던 성곽까지 다시 복원하기로 결정했기 때문에 새로 돌을 다듬고 쌓아야 했어요.

하연
나무를 구했던 것처럼 돌도 새로 구해야 했겠네요?

선생님
맞아요. 숭례문 성곽을 쌓는 데 쓸 돌은 지금 있는 돌과 가장 비슷한 돌을 찾아야 했어요. 경기도 포천의 화강석이 가장 비슷해서 그 돌로 숭례문의 성곽을 만들었죠.

하연
돌을 성곽 크기에 맞게 다듬는 것도 힘들었겠어요.

선생님

석재 공사를 하는 도구도 조선 시대에 쓰던 것으로 하기 위해 대장간을 세웠어요. 그곳에서 망치와 정 등 석재 공사에 필요한 도구들을 만들었지요.

하연

사진에 다듬어지지 않은 돌들이 많이 보여요.

선생님

이런 돌을 전통 방식으로 자르고 다듬은 뒤에는 조선 초기와 중기, 후기, 현대의 돌을 모자이크 방식으로 엇갈려서 동편 53미터와 서편 16미터의 성벽을 새로 쌓았지요. 위쪽으로 갈수록 돌의 크기가 작아지는 것도 조선 시대 건축과 동일하게 만들었어요. 숭례문에 가서 육축과 성곽을 살펴보면 옛 돌과 현대의 돌이 어우러져 시대의 흐름을 느낄 수 있어요.

하연

정말이네요! 오래돼 보이는 돌과 깨끗한 돌이 작품처럼 어우러져 있어요!

숭례문 석재 가공소

숭례문 성곽

현승
탑이나 성곽이 어떤 돌로 만들어졌는지, 어떻게 쌓았는지를 생각하면서 전통 건축을 보니까 훨씬 아름답게 보이는 것 같아. 앞으로 견학을 가기 전에 먼저 자세히 알아보고 가야겠어.

민우
우리 조상들은 자연에서 얻을 수 있는 것들을 자연스럽게 다듬어서 쓰는 재주가 있었던 것 같아. 주춧돌도 탑도 전부 억지로 만들어낸 것 같지 않았어. 자연 속에 같이 어우러져 있었지. 그래서 더욱 아름다웠어. 이런 아름다운 문화재에 낙서를 하는 건 정말 안 될 일이야!

하연

 돌로 만든 문화재는 단단해서 수리가 필요 없는 줄 알았는데, 생각보다 손길이 많이 필요하다는 걸 알았어. 최근에는 3D 스캔 기술을 수리에 사용한다는 이야기도 흥미로웠지. 그리고 인터뷰를 하면서 느낀 건데, 선생님이 전통 건축을 수리하는 일에 자부심을 갖고 계신 게 느껴졌어. 나도 전통 건축과 수리에 대해 더 잘 알리고 싶어!

다 조사해 보자

돌을 깎고 다듬는 도구는 어떻게 만들었을까?

화덕 쇠를 달구는 화로예요. 돌을 넣고 진흙을 발라 만들어요.

풀무질 풀무의 손잡이를 밀고 당기는 작업이에요. 달구는 쇠와 연장의 종류에 따라 바람을 세게 불어 넣기도 하고 약하게 넣기도 해요.

풀무 쇠를 달구거나 녹이기 위해 화덕에 높은 열을 불어 넣는 기구로 나무, 숯, 석탄 등을 주로 연료로 써요.

달굼질 쇠를 불에 넣고 바람을 불어 넣어 달구어 내는 작업이에요. 쇠의 두께와 크기에 따라 달굼질 하는 시간이 달라져요.

물통 쇠를 달구어 담금질할 때 물을 담아두는 통이에요.

소문 신문, 알려 줘!

우리 문화재가 지진에 강하다고?

2016년에 경주에서 규모 5.8의 큰 지진이 발생했어요. 대한민국에서 지진 관측을 시작한 뒤로 가장 큰 지진이었지요. '천년 고도'라고 불리는 경주는 수많은 문화재가 있어요. 왕릉, 사찰, 탑 등 건축 문화재도 많지요. 지진이 난 뒤에 이 문화재들은 어떻게 되었을까요? 현대에 지은 건축물들이 지진에 금이 가고, 힘없이 무너지는 걸 본 사람들은 탑과 같이 작은 건축 문화재는 금방 쓰러질 거라 생각했어요. 그런데 1000년이 넘은 문화재들은 지진에도 꿈쩍하지 않고 그 자리를 당당하게 지켜냈어요.

조상들은 어떻게 건축을 했길래 이런 일이 가능했을까요? 기록에 따르면 신라 시대에 큰 지진이 있었다고 해요. 그 지진 이후에 신라에서는 건축을 할 때, 지진에 쓰러지지 않도록 '내진 설계'를 한 것이죠.

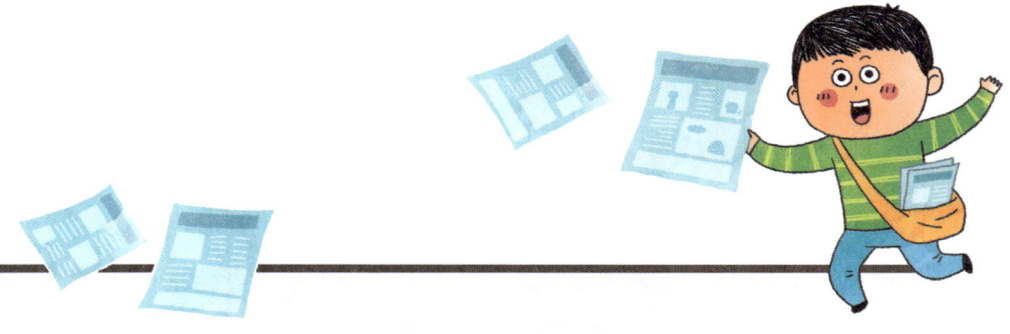

　경주의 유명한 건축 문화재 중 하나인 첨성대는 바닥을 1.5m 이상 깊이 파고, 그 안에 자갈과 모래를 채워서 외부의 충격을 흡수할 수 있도록 만들었어요. 또 돌을 엇갈리게 쌓아 올리고, 돌을 서로 붙이지 않았기 때문에 지진이 나도 한꺼번에 무너지지 않았어요.
　불국사도 건물을 지탱하는 석축이 지진과 외부의 충격을 흡수하도록 설계했어요. 우리 조상들의 지혜가 참 대단하지 않나요?

전통 기와를 지켜라!

숭례문을 수리할 때 기와를 전통 방식으로 만들었다고 들었어. 선생님께 자세히 여쭤봐야겠다.

자, 그럼 다음 신문을 만들어 볼까?

전통 문화재에 대한 신문을 만들면서 알아보니까 기와뿐 아니라 다른 재료들로 지붕을 만들기도 하더라. 나는 다양한 지붕에 대해서도 같이 조사해 볼래!

굴피

금촌 돌기와집

너와집

초가집-청주 관정리 고가

기와집_강릉 오죽헌

전통 건축의 지붕은 어떤 재료로 어떻게 만들어졌을까 궁금해서 찾아보니 지붕의 재료에 따라서 부르는 이름도 다르다는 걸 알게 됐어!

지붕의 재료에 따라
달라지는 집의 이름

① 초가집

벼를 다 털어내고 남은 줄기를 볏짚이라고 하는데, 이 볏짚을 엮어 지붕 위에 올린 집을 초가집이라고 합니다. 과거 농촌에서는 볏짚을 쉽게 구할 수 있어 평민은 대부분 초가집에서 살았습니다. 지붕에 볏짚을 단단히 엮어서 이엉을 만들고, 이엉을 지붕의 맨 아래쪽부터 겹치면서 위쪽까지 얹었습니다. 그런데 이렇게 만든 지붕은 불이 붙으면 금방 타 버렸고, 겨울 추위와 폭설에 대비해 매해 겨울이 오기 전에 낡은 볏짚을 내리고 새 볏짚을 올려야 해서 번거로웠습니다.

② 청석집(돌기와집)

납작한 돌인 점판암을 잘라서 지붕에 얹은 집을 청석집이라고 합니다. 점판암은 석탄이 나오는 지역에서 구하기 쉬운 돌이라 주로 강원도에서 많이 쓰였습니다. 돌로 쌓은 지붕은 불에 쉽게 타지 않고 볏짚처럼 갈아 주지 않아도 돼서 좋은 재료였지만, 강원도의 일부 지역을 제외하고는 점판암을 구하기 어려워서 널리 사용되지 못했습니다.

③ 너와집

두꺼운 나무껍질이나 나무를 잘라 널빤지로 만든 다음 지붕에 이은 집을 너와집이라고 합니다. 너와집은 나무를 쉽게 구할 수 있는 산간 지방에서 주로 사용했습니다. 나무는 비를 흡수해서 비가 집안으로 들어올 것 같지만, 오히려 비를 머금은 나무 지붕이 팽창해서 틈을 메워 주어, 비를 막을 수 있습니다. 너와는 기와나 돌보다 가벼워서 바람에 날아갈 수 있기 때문에 너와로 이은 집에는 무거운 돌이나 통나무를 중간 중간 올려놓아야 했습니다.

④ 기와집

기와는 찰흙으로 모양을 잡고, 가마에 구워서 만듭니다. 기와는 오래가고, 모양이 아름답다는 장점이 있지만, 비쌌기 때문에 평민은 쓰기 어려웠습니다. 기와는 궁궐이나 절 같은 크고 웅장한 건물에 사용되다가 점차 권위 있고 돈 많은 벼슬아치의 집에도 사용되어, 사람들은 '기와집에 사는 사람은 부자'라는 생각을 갖게 되었습니다.

⑤ 굴피집

굵게 잘 자란 나무의 벗겨낸 껍질을 굴피라고 하는데, 이 굴피를 여러 장 겹쳐 지붕을 만든 집을 굴피집이라고 합니다. 굴피집은 나무가 많이 자라는 태백산맥과 소백산맥 등 산간지방에 많았으나, 콘크리트를 사용해 집을 짓기 시작하면서 보기 어려워졌습니다.

건조한 날씨에는 굴피가 바싹 말라 그 틈 사이로 바람이 잘 통하여 환기에 좋고, 장마철에는 수분을 잘 머금어 팽창하여 틈을 막아 방수 효과도 좋았습니다.

이러한 굴피는 주기적으로 관리만 잘 해 주면 오래 쓸 수 있어 옛 속담에 '기와 천년, 굴피 만년'이라는 말이 전해오기도 합니다.

기와에
여자랑 남자가 있다고?

예로부터 우리 조상들은 양과 음의 조화를 중요하게 생각했습니다. 하늘과 땅, 빛과 어둠, 남자와 여자처럼 두 가지로 대비되는 것들을 양과 음으로 나누었습니다. 그리고 어느 한쪽으로 치우치지 않고 고르게 균형을 맞추어야 한다고 생각했습니다.

건축물에도 음양의 원리를 적용해서 기와에도 암수여자와 남자를 나누어서 이름을 붙였고, 짝을 지어 지붕에 올렸습니다.

여자를 나타내는 암키와는 땅처럼 넓은 모양으로 만들었습니다. 예전에는 하늘을 둥그렇다고 생각했기 때문에 하늘과 남자를 나타내는 수키

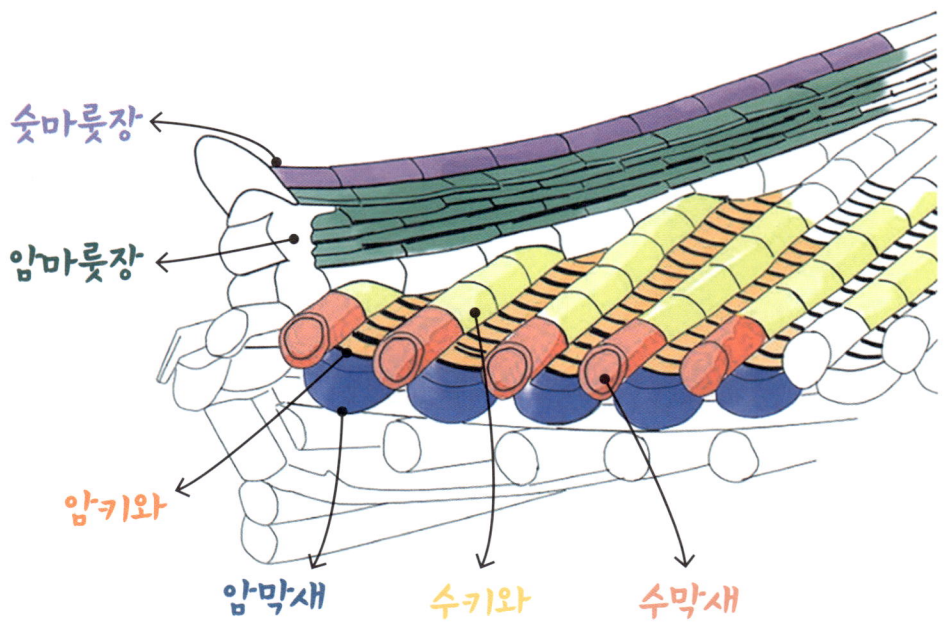

와는 위로 둥근 모양으로 만들었습니다. 암키와와 수키와를 교대로 연결하면 우리가 보던 지붕의 모습이 완성됩니다.

주황색으로 바닥에 넓적하게 깔린 게 암키와고, 그 위에 둥그렇게 놓인 것이 수키와입니다.

암키와의 맨 끝부분을 막아 주는 기와는 암막새라고 하는데, '여자'와 '막다'를 합해 암막새라는 이름이 붙은 것입니다. 마찬가지로 수키와의 끝을 막아 주는 기와는 수막새라고 합니다.

지붕 맨 윗부분은 귀마루라고 하는데, 여기에 쌓은 기와에도 암수를 나눠서 암마룻장, 숫마룻장이라고 불렀습니다.

> 암마룻장은 넓적하고, 숫마룻장은 둥글어. 이렇게 모든 기와를 남녀로 나누어 이름을 붙인 게 신기해!

아름다운 막새

처마의 끝을 막아 주는 막새는 눈이나 빗물이 땅으로 흘러내리기 쉽게 하는 역할을 합니다. 막새가 없으면 비가 기와 속으로 들어가거나, 건축물 안으로 들어가 나무를 썩게 할 수도 있습니다.

막새는 물을 막는 것뿐 아니라 건물을 아름답게 만드는 멋진 장식이 되기도 합니다. 우리 조상들은 연꽃이나 도깨비 얼굴, 사람 얼굴 등 다양한 문양을 새긴 막새를 만들었습니다. 이런 막새를 '와당'이라고도 하는데, 가장 유명한 와당 중 하나가 '신라의 미소'로 널리 알려진 경주 얼굴무늬 수막새입니다.

경주 얼굴무늬 수막새

경주 인왕동 월성 출토 연화문 수막새

막새는 시대별로 조금씩 달라지는데 고구려의 막새는 화려하지는 않지만 강하고 힘 있는 모양이고, 백제는 세련되고 우아한 모양으로 주로 연꽃무늬를 만들었습니다. 통일 신라 시대에는 동물, 용, 비천, 구름 등 다양한 모양의 막새가 제작되었습니다.

조선 시대에는 추녀나 사래 끝에 신발을 신기듯이 이무기 모양의 토수라는 장식 기와를 사용했습니다.

경복궁 경회루 막새

금동용두토수

기와지붕의 구조를 알아보자

지붕의 위치에 따라 각각 부르는 이름이 다릅니다. 그 이름을 먼저 알아볼까요?

① 용마루

'마루'는 등성이를 이루는 지붕의 꼭대기를 말합니다. 용마루는 지붕 중앙에 있는 마루로, 지붕의 중심이 됩니다.

경복궁 경회루

② 내림마루

용마루의 끝에서 연결해 내려오는 마루로 위에 잡상을 올려 꾸미기도 합니다.

③ 추녀마루

추녀의 바로 위에 꾸며진 마루를 말합니다. 여기에도 내림마루처럼 잡상을 놓아 꾸미기도 합니다.

건축물의 쓰임에 따라
기와지붕 모양도 달라!

① 맞배지붕

건물의 모서리에 추녀가 없이 용마루까지 한 번에 이어지는 지붕입니다. 지붕을 자세히 보면 책을 반쯤 펴서 뒤집어 놓은 모양처럼 보입니다. 주로 서원의 사당이나 회랑, 행랑채 등에 사용되었지만, 주요 건물에 사용된 예도 많습니다.

강진 무위사 극락보전

봉정사 극락전

창경궁 홍화문

파평 윤씨 재실

경복궁 향원정

② 우진각지붕

우진각지붕은 정면에서 보면 사다리꼴 모양이고, 옆에서 보면 삼각형 모양으로 보입니다. 맞배지붕과 달리 네 면 모두 지붕면이 만들어져 있습니다. 우진각지붕은 용마루와 추녀마루만 있고, 내림마루가 없습니다.

③ 팔작지붕

맞배지붕과 우진각지붕이 합쳐진 지붕입니다. 용마루와 내림마루, 추녀마루를 모두 갖추고 있어 가장 화려하고 웅장한 지붕입니다. 주로 궁궐이나 사찰 등에 사용되었습니다.

④ 모임지붕

용마루와 내림마루가 없이 추녀마루만 있는 지붕입니다. 주로 정자나 탑 등에 사용했습니다. 각에 따라 사모지붕, 육모지붕, 팔모지붕으로 나뉩니다.

잡상을 가까이에서 보면 어떤 모습일까?

추녀마루 위에 올려놓는 인형을 잡상이라고 합니다. 조상들은 건물 위에 잡상을 세워 건물의 나쁜 기운을 떨쳐 버리려고 했습니다. 그래서《서유기》에 나오는 손오공, 삼장법사, 저팔계, 사오정 등과 토속신, 불교신 들을 차례로 올렸습니다. 이들이 잡상으로 기와지붕 위에 놓이기 시작한 것은 당나라 태종 때라고 전해집니다. 태종의 꿈속에 밤마다 나타나는 귀신이 기와를 던지며 괴롭히자 문관·무관을 시켜 전각의 문을 지키게 했다는 것에서 유래했다고 전합니다. 또 불교에 나오는 신들을 올려놓아, 불교를 알리려고 기와 위에 올렸다는 이야기도 있습니다.

> 잡상을 가까이에서 보니까 좀 으스스한데?

흥인지문

광희문

자주 **수리가 필요한** 기와

 선생님
전통 건축에서 가장 많이 수리하는 곳이 어딘 줄 아나요? 바로 기와예요. 기와는 사람의 손이 닿지 않아 사람에 의한 파손보다 자연에 의한 파손이 쉽게 일어나요.

 하연
비나 바람 때문에 파손이 일어나는 건가요?

 선생님
오~ 이제 전통 건축 박사님 같은데요? 맞아요. 기와는 늘 비와 바람을 맞고, 추운 겨울에도 외부에 있기 때문에 파손되기 쉬워요.

 하연
그럼 기와를 전부 걷어내고, 새 기와를 얹는 거예요?

 선생님
'기와 고르기'를 해서 훼손된 기와만 골라 새 기와로 바꿔요. 기와 아래에 있는 뼈대를 수리할 때는 기와를 전부 걷어내고 수리한 뒤에 다시 기와를 덮어야 하죠. 이럴 때도 사용했던 기와를 최대한 다시 사용하고, 훼손된 기와만 새로 교체해요.

숭례문 수리에 숨겨진
뒷이야기 7

2만 장이 넘는 기와를 만들다!

하연
선생님, 숭례문의 기와도 전통 방식으로 만들어졌나요?

선생님
이제 전통 건축 전문가 같은 질문을 하는데요? 불이 나기 전에 숭례문 지붕은 공장에서 만든 기와였어요. 여러 번 수리를 하는 과정에서 전통 기와가 공장에서 만들어진 기와로 바뀐 것이지요. 전문가들은 숭례문을 복구하면서 전통 기와와 공장에서 만들어진 기와를 비교해 봤어요.

하연
어떤 결과가 나왔어요? 공장에서 만든 게 더 최근에 만든 거니까 더 단단하지 않을까요?

선생님
땡! 조사 결과 전통 기와가 더 가볍고, 수분 조절을 잘한다는 것을 알게 되었어요. 이런 조사를 바탕으로 숭례문은 처음 만들어졌던 것처럼 전통 기와로 제작했어요.

하연
기와는 대부분 불에 탔기 때문에 많이 만들어야 했겠어요.

이근복 번와장님 시연회

 선생님

맞아요, 불탄 숭례문의 기와는 90퍼센트 이상 훼손되어서 거의 다 새로 구워야 하는 상황이었어요. 또 기와의 종류도 암키와, 수키와, 암막새, 수막새, 잡상, 토수 등 아홉 가지나 되었지요.

 하연

전통 기와는 어떻게 만드나요?

 선생님

전통 기와를 만들기 위해서는 먼저 풀이 나지 않은 이른 봄이나 가을에 논 아래 있는 흙을 골라 빚어야 해요. 화력이 좋은 소나무로 3박 4일 동안 불을 지펴서 1,050도까지 온도를 올린 가마에 굽지요. 이 정도로 뜨겁게 온도를 올린 가마는 식히는 데만 다시 3~4일이 걸려요.

여수 진남관 기와 이기

하연
전통 방식으로 기와를 빚는 건 쉬운 일이 아니네요!

선생님
네, 복잡하고 힘든 과정을 거쳐야 하죠. 숭례문 복원을 위해 전통 기와를 제작하는 장인들이 모였고, 암키와 1만 4,991장, 수키와 7,284장, 암막새 488장, 수막새 519장 등 2만 장이 넘는 기와를 전통 방식으로 구웠어요.

하연
그렇게나 많은 기와를 구우려면 엄청 힘들었겠어요!

선생님
다 구워진 기와는 번와 장인들이 전통기법에 따라 이었어요.

하연
와, 기와를 이는 것도 오래 걸렸을 것 같아요.

현승

어떤 재료로 지붕을 만들었느냐에 따라 집의 느낌이 달라. 민속촌에서 봤던 초가집은 포근한 느낌이 들고, 기와로 만든 궁궐은 웅장한 느낌이 드는 것처럼 말이야. 또 여러 종류의 기와가 있다는 것도 처음 알았어. 기와에 여자, 남자를 붙인 것도 재밌었어.

민우

지붕은 재료뿐 아니라 모양도 다양했어. 나는 이제 지붕 모양을 보고, 어떤 지붕인지 알 수 있어.

하연

숭례문을 수리할 때, 엄청나게 많은 기와를 구웠다는 걸 알고 놀랐어. 뜨거운 대장간에서 오랫동안 기와를 구웠을 장인들이 대단해.

123

조사해 보자

〈문화유산헌장〉이 뭐야?

우리나라에서는 1997년에 〈문화유산헌장〉을 제정했어요. 우리나라 문화재 중에서 석굴암, 해인사 장경판전, 종묘, 창덕궁, 수원화성 등이 세계문화유산으로, 《훈민정음》과 《조선왕조실록》이 세계기록유산으로 지정되어 있어요. 세계에서도 우리 문화유산을 높이 평가하고 있지요.

〈문화유산헌장〉은 자랑스러운 우리 문화유산의 소중함을 국민에게 알리고 지키기 위해 만든 거예요. 문화유산헌장의 내용은 다음과 같아요.

문화유산헌장

오랜 역사를 이어 온 이 땅에는 겨레의 소중한 문화유산이 살아 숨 쉬고 있다. 문화유산은 우리 삶의 뿌리이자 창의성의 원천이며 인류 모두의 자산이다. 문화유산을 알고, 찾고, 가꾸어 새로운 가치를 더하는 일은 우리의 마땅한 권리이자 의무이다.

이에 우리는 다음과 같이 다짐한다.

문화유산의 원래 모습과 가치를 온전하게 지키며, 역사·문화 환경과 자연유산을 보호한다.

문화유산이 삶의 질을 높이는 데 이바지하도록 국민, 지역공동체, 정부는 그 보존과 가치 구현에 힘을 모은다.
　문화유산을 누구나 일상에서 배우고 즐기며 맘껏 누릴 수 있는 여건을 조성한다.
　문화유산이 과학, 기술, 예술, 관광과 어우러져 미래 자원으로 거듭나도록 노력한다.
　문화유산의 인류 보편적 가치가 실현되도록 국제사회와 협력한다.
　우리는 이와 같이 실천함으로써 삶을 풍요롭게 이어 가며 다음 세대에 문화유산을 더욱 값지게 전해 주고자 한다.

2020년 12월 8일

문화유산헌장을 천천히 읽어 보고, 우리 문화유산에 대해 한 번 더 생각해 보면 어떨까요?

소문 신문, 알려 줘!

문화재 복원은 꼭 해야 할까?

불타거나 무너진 문화재는 무조건 다시 세우는 게 맞을까요? 그렇다면 그리스 아테네의 파르테논 신전은 왜 기둥만 남겨 놓은 채 여전히 다시 만들지 않는 걸까요?

문화재를 복구하려면 먼저 문화재의 원래 모습을 잘 알아야 해요. 문화재에 대한 자료가 충분하지 않은데도 무리해서 복원을 한다면 이전의 문화재와 다른 건축물이 세워질지도 몰라요. 이렇게 다른 건축물이 세워진다면 문화재를 보러 오는 사람들과 후손들은 오해를 할 수도 있지요.

우리나라에서도 숭례문이나 수원화성처럼 사진과 자료가 남아 있다면 문화재의 역사적 가치를 위해 복원을 하고, 자료가 남아 있지 않다면 경기도 양주의 회암사지처럼 새로 짓지 않고, 터만 남겨 놓기도 해요. 대신 박물관을 지어서 문화재의 역사를 알려주지요. 사람들은 회암사지 터를 보고, 고려 시대에 세워진 사찰의 모습을 상상할 수 있어요.

경기도 양주의 회암사지

경주의 동궁과 월지도 연못 주위로 26개의 건물터가 발견되었지만, 이곳에 3개의 건물만 세우고 나머지는 건물이 있었다고 표시만 해 두었어요. 완벽하게 복원을 할 수 없기 때문에 몇 개만 복원을 해서 세워두고, 나머지는 관광객들이 보고 상상할 수 있도록 한 것이지요.

5
단청을 지켜라!

석기 시대의 벽화가 단청의 기원이라니! 인류가 시작되면서부터 집에 그림을 그렸다는 게 너무 신기해!

언제부터 건축물에
그림을 그렸을까?

　단청은 건축물의 벽, 기둥, 천장 따위에 여러 가지 빛깔로 그린 그림을 말합니다. 단청은 주로 집이 아닌 궁궐이나 절, 서원에 그려 백성이 사는 집과 구분하고, 권위를 나타냈습니다. 단청을 칠한 나무는 오랫동안 썩지 않기 때문에 건축물을 오래 유지할 수 있었습니다.

　단청의 역사는 석기 시대로 올라갑니다. 석기 시대에 동굴에 살며 벽에 그림을 그린 것이 시작이었습니다. 고구려 때에는 굴처럼 커다란 공간을 만들고, 그 안에 시신을 안치했는데 돌로 쌓은 무덤 안쪽에 그림을 그렸습니다. 황해도 안악3호분 동수묘, 매산리 사신총과 감신총, 안동성 대총, 쌍영총 등의 고분에는 무덤을 수호하는 사신도와 해와 달, 별, 신선의 그림이 그려져 있습니다.

　사람이 죽으면 영혼이 다시 태어난다고 믿었던 고대 사람들은 무덤 주인공이 사용했던 생활용품이나 생활풍속을 묘사한 그림도 그렸습니다. 고분의 벽과 천장에는 당시 목조 건물의 모습도 그려져 있는데, 그림 속 건물에는 무늬가 새겨져 있습니다. 이 벽화를 보고 고대에도 건물에 채색을 했다는 걸 알 수 있습니다.

단청의 색깔은
어떻게 만들어질까?

과거에는 지금처럼 다양한 물감을 공장에서 만들어 낼 수 없어서 자연에서 색깔을 채취했습니다. 물감을 만드는 데 쓰이는 재료를 안료라고 합니다.

과거에는 주로 색깔을 띤 돌을 잘게 부숴 안료를 만들었습니다. 돌로 만든 안료는 색깔이 선명해 쉽게 바래지 않고, 빛을 반사하지 않는 장점을 가지고 있어 건축물에 칠하기에 적합했습니다.

천연석채의 원석

그런데 우리나라에서는 색깔을 가진 돌을 찾기 어려워 중국에서 수입을 했기 때문에 값이 비쌌습니다. 그래서 절이나 궁궐에만 화려한 색을 입혔고, 일반 가정집은 검소함을 추구하여 칠하지 않았습니다.

천연석채

색깔에도 의미가 있다!

　우리 조상들은 우리의 전통 색인 파랑, 빨강, 노랑, 하양, 검정색에 각각 다른 의미를 붙였습니다. 이 다섯 색깔을 오방색이라고 하는데, '오방'은 다섯 가지 방향을 나타내는 한자어로, 다섯 가지 색에 상징하는 방향을 붙인 것입니다. 동쪽은 파랑, 서쪽은 하양, 남쪽은 빨강, 북쪽은 검정, 중앙은 노랑 이렇게 방향을 나누었습니다.

　파란색은 나무, 빨간색은 불, 노란색은 흙, 하얀색은 쇠금, 검은색은 물 이렇게 각각의 물질을 상징하는 색을 붙이기도 했습니다.

　색에 의미를 크게 부여했다는 것은 생활에서 잘 드러납니다. 임금님이 국정을 볼 때 입는 곤룡포는 불처럼 강한 기운을 뿜어내라고 붉은색으로 만들었고, 중요한 행사 때는 권위를 나타내는 검은색 대례복을 입었습니다.

　색이 뜻하는 의미도 중요했지만, 색의 조화 역시 중요하게 생각해서 음식에 고명을 올릴 때 다섯 가지 색깔을 고루 올리기도 하고, 건축물에 색을 칠할 때도 색깔의 조화를 생각했습니다.

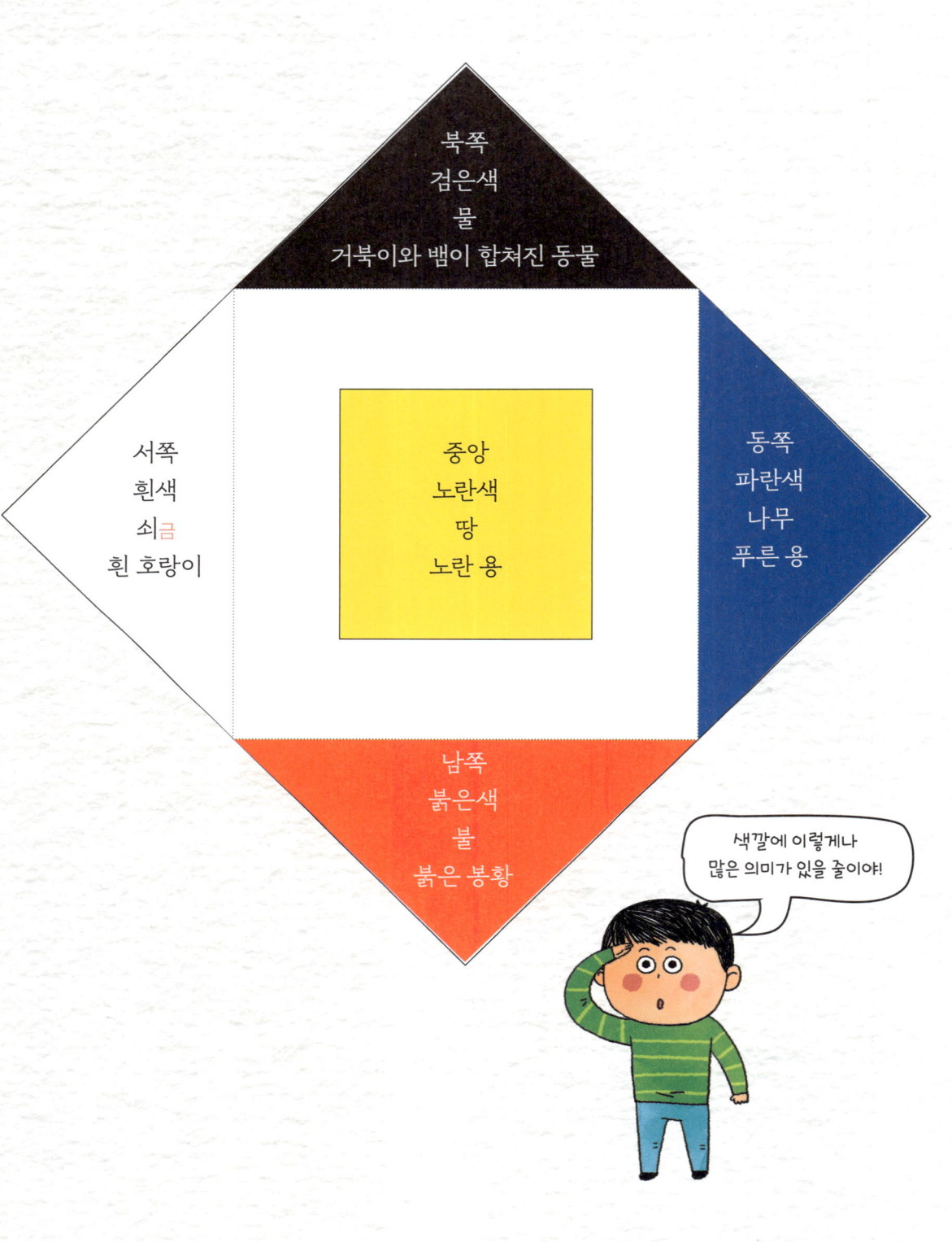

건축물에 따라 달라지는
단청 무늬

① 궁궐

임금이 업무를 하는 정전의 천장에는 용, 봉황, 학, 모란, 국화 등의 모양이 그려졌는데, 용과 봉황은 왕의 권위를 상징했고, 학과 국화는 장수를 상징했습니다. 색도 중앙의 권위를 나타내기 위해 다른 건축물과 달리 노란색을 많이 사용했습니다.

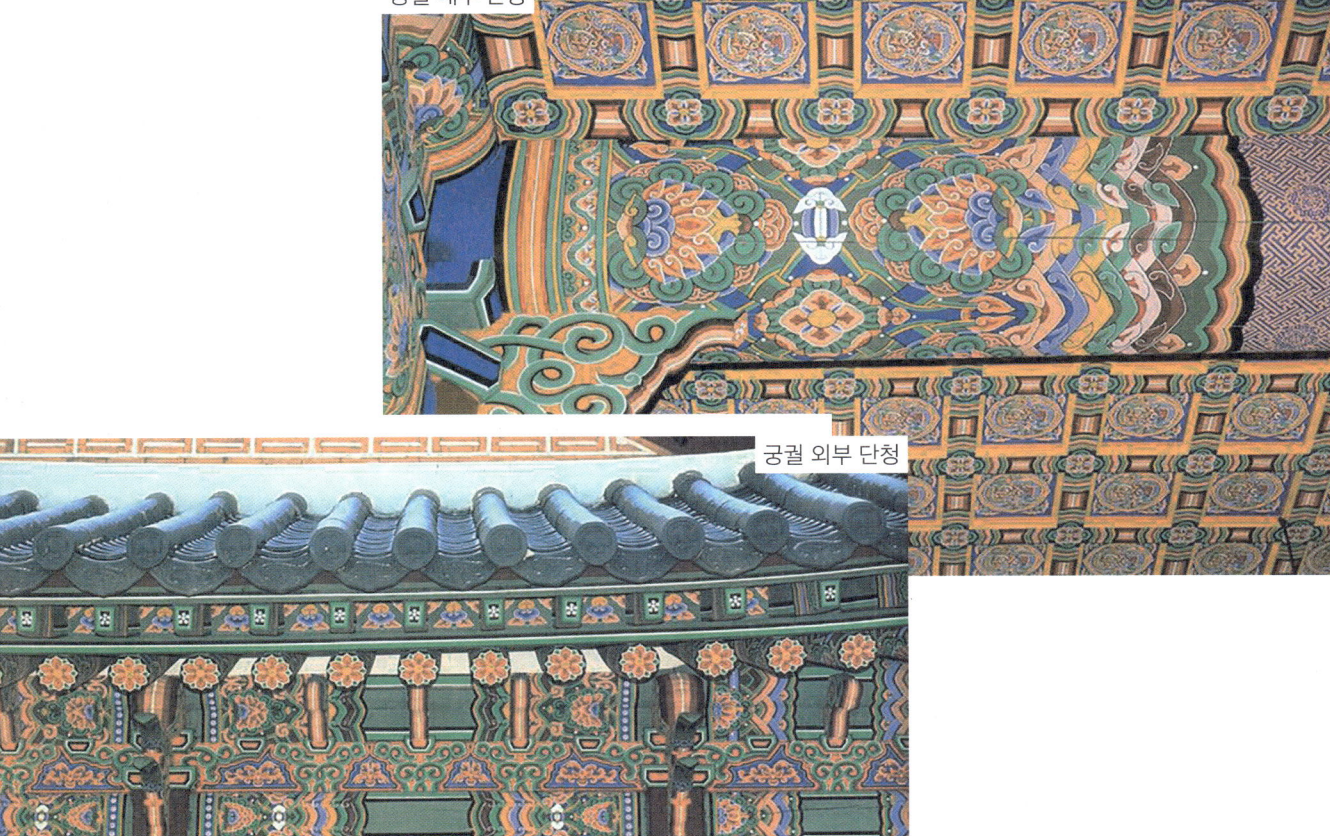

궁궐 내부 단청

궁궐 외부 단청

사찰의 화려한 색채

② 사찰

사찰은 궁궐에 비해 자유롭게 색을 칠할 수 있었기 때문에 매우 화려하고, 지역별로 다양한 모양을 뽐냅니다. 화려한 채색으로 부처님, 연꽃무늬 등을 많이 그렸습니다.

③ 교육기관

서원, 향교, 성균관과 같이 유교의 영향을 받은 건물은 사찰과 달리 검소하고 고상한 모양을 사용했습니다. 유교 건물에서도 연꽃을 많이 그렸는데, 연꽃은 불교의 상징이기도 하지만 유교에서 군자를 상징하기 때문입니다.

도산서원 전교당 단청

단청을 보존하는 방법은 덧칠하기?

단청은 색이 벗겨지고, 바래지기 쉬워서 주기적으로 덧칠을 해 줘야 합니다.

수덕사 대웅전은 1937년 수리를 하던 중에 1528년에 다시 칠해졌다는 걸 알게 되었습니다. 다시 칠해진 단청 속에는 처음 칠해졌던 단청의 무늬와 윤곽이 드러났고, 벽화 속에 처음 그렸던 벽화가 있다는 것도 발견했습니다. 1528년에 다시 칠할 때 원래의 벽화를 없애지 않고, 그대로 둔 채 그 위에 새로 칠을 하고 벽화를 그렸던 것입니다. 그런데 안타깝게도 벽화를 보존할 방법을 알아보던 중에 6·25 전쟁이 일어나 벽화는 모두 파손되고 말았습니다.

지금은 수리할 때 벽화와 단청을 조사했던 임천 선생이 그린 모사도만 전해지고 있습니다.

전통 안료를 되살려야 한다!

하연
선생님, 단청도 기와처럼 주기적으로 다시 그려야 하나요?

선생님
단청에 대해 묻는 걸 보니 이번 신문은 단청에 관한 건가 봐요. 단청까지 공부하다니 대단한데요? 하연 기자의 말처럼 단청은 벗겨지기 쉬워서 주기적으로 수리를 해야 해요. 숭례문도 해방 후에 여섯 번 단청을 새로 칠했답니다.

하연
여섯 번이나요? 하긴 외부에 계속 노출되어 있어야 하는 단청은 벗겨지기 쉽겠어요.

선생님
맞아요. 숭례문은 번화가에 있어서 매연 때문에 다시 칠한 적도 있어요. 요즘엔 미세먼지가 심해 단청이 쉽게 벗겨지기도 하지요.

하연
그렇군요. 그런데 단청 모양이 굉장히 복잡해 보이던데, 단청을 그리는 단청 장인이 따로 있나요?

선생님
좋은 질문이에요. 조선 시대에 단청을 그리는 사람을 화원, 화공 등으로 불렀어요. 스님도 단청을 많이 그렸는데, 이분들은 화승이라고 불렀지요. 이렇게 전문적으로 그림을 그리는 사람들이 기술을 전수해서 지금까지 이어졌어요. 그런데 안타깝게도 언젠가부터 단청 재료로 화학 안료가 많이 쓰이기 시작했어요. 값이 비교적 저렴하고 쉽게 칠할 수 있기 때문이에요.

하연
그러다 우리 전통 단청기술이 사라지면 안 되잖아요!

선생님
맞아요. 우리가 더 연구하고 기술이 사라지지 않도록 노력해야 해요.

똑같은 모양의 단청,
어떻게 그릴까?

하연
선생님, 단청의 모양이 자로 잰 듯 굉장히 일정해요. 이렇게 그리는 방법이 있나요?

선생님
단청을 어떻게 그리는지 알려줄게요. 단청은 건축물에 그리기 전에 먼저 모양을 종이에 그려요. 어떤 모양으로 그릴지 확실하게 정해 놓는 거죠. 단청으로 그릴 모양이 정해지면 단청이 들어갈 부재의 치수를 재고, 그 부재의 크기에 맞는 종이에 각각 단청 모양을 다시 그려요. 그러고서 그려진 모양의 윤곽선을 따라 종이에 바늘로 구멍을 뚫어요. 이렇게 문양을 준비해 둔답니다.

하연
여기까지가 준비 단계인 거예요? 해야 할 일이 많네요.

선생님
아직 준비가 끝나지 않았어요. 단청을 그려 넣을 부분을 깨끗하게 닦고 나무에 색이 잘 칠해지도록 아교를 두 번 정도 발라야 하거든요. 아교는 끈적한 풀처럼 생겼는데 이걸 바르지 않으면 안료가 나무에 잘 발리지 않아요. 그래서 아교를 바르는 건 아주 중요한 작업이죠.

하연
그럼 이제 건축물에 그림을 그리는 건가요?

선생님
맞아요. 아교가 다 마르면 단청의 바탕색을 칠하고, 아까 준비해 두었던 구멍 뚫린 종이를 부재에 대고 흰 가루가 든 주머니를 툭툭 쳐요. 그럼 구멍으로 흰 가루가 들어가서 부재에 점선이 남게 되겠죠? 이 점선을 스케치로 보고 이 위에 색을 입히는 거예요.

하연
와~ 단청을 그리는 데 굉장히 손이 많이 가네요?

선생님
손이 많이 가는 만큼 아주 예쁜 단청이 완성되죠.

> 숭례문 수리에 숨겨진
> **뒷이야기 8**

여섯 번 덧칠한 숭례문의 단청

하연
선생님, 숭례문의 단청 공사 이야기도 해 주세요.

선생님
숭례문은 해방 이후 여섯 번 단청을 새로 칠했어요. 첫 번째 단청은 6·25 전쟁 직후에 스님이 칠했어요. 자연스럽게 사찰의 단청 모양과 색을 가지게 되었지요.

하연
단청은 수리할 때마다 모양이 조금씩 바뀌는 거예요?

선생님
네, 똑같은 미술 작품을 보고 서로 다른 사람이 그리면 각각 다른 그림이 나오는 것처럼 누가 그렸느냐에 따라 단청은 조금씩 바뀌어요. 일부러 새로운 모양을 칠하기도 하고요.

하연
두 번째 단청 공사는 언제 한 거예요?

선생님
두 번째 단청 공사는 1963년에 했어요. 이때 숭례문을 크게 수리했는데, 지붕 속에 있던 적심에서 조선 시대의 단청 색조와 문양이 담긴 부재를 발견했어요. 이걸 바탕으로 단청을 새로 칠했지요. 세 번째 단청은 1963년에 단청 공사를 하고 7년밖에 지나지 않은 1970년에 새로 했어요.

하연
왜 7년밖에 안 됐는데 다시 칠한 거예요?

선생님
1963년에 전통 안료를 이용해서 칠을 새로 했는데, 전통 안료가 공해에 약해서 시커멓게 변해 버렸거든요. 그런데 1970년에 단청을 칠하고 3년 뒤인 1973년에 다시 한 번 단청을 칠해요. 이번엔 서울 도심을 예쁘게 꾸민다는 이유로 다시 칠한 거예요. 화려한 금색 단청을 칠했지요.

하연
숭례문은 여러 번 새 옷을 입었네요!

선생님
다섯 번째는 1988년 서울 올림픽에 맞춰 새로 칠했어요.

하연
그리고 마지막은 불탄 뒤에 다시 칠한 거죠?

선생님
맞아요. 불탄 뒤에 다시 칠한 단청은 1963년에 칠했던 단청 모양과 색을 따라서 칠했어요. 조선 시대 단청의 모습을 재현하기 위해서였죠.

현승

단청을 칠하는 게 꾸미기 위해서만이 아니라 건물을 오래 유지하기 위해서였다는 사실을 알았어. 그리고 단청의 색깔에는 의미가 담겨 있다는 것도 알았지. 앞으로 건축물의 단청을 만나면 어떤 색으로 칠했는지를 보고, 그 속에 어떤 의미를 담으려고 했는지 생각해 보려고 해.

민우

색깔뿐 아니라 모양에도 의미가 담겨 있어. 의미에 따라 사찰과 궁궐, 서원의 단청이 차이가 있지. 단청에 모양이 많다는 것도 새로 알게 되었어. 다음에는 종이와 색연필을 가지고 가서 모양을 따라 그려 볼래.

하연

단청을 그리는 데 손이 많이 가더라고. 그런데 공해나 미세먼지 때문에 단청이 훼손되는 건 안타까운 일이야. 환경오염을 줄이기 위해 노력해야겠어.

조사해 보자

전통 안료와 화학 안료는 어떻게 다를까?

전통 건축에 색깔을 내는 물감을 안료라고 해요. 자연에 있는 재료에서 만든 안료는 전통 안료라고 부르지요. 전통 안료는 색깔을 가진 돌을 갈아서 만들었는데, 색을 가진 특별한 돌은 우리나라에서 구하기 어려워 주로 중국에서 수입해서 썼지요.

1970년 후반부터 전통 안료 대신 공장에서 만든 화학 안료를 사용했어요. 안료의 재료를 구하기도 어려웠지만, 전통 안료는 공해에 약해서 검게 변하는 경우가 많았거든요.

화학 안료는 전통 안료보다 값이 싸고, 만드는 과정도 단순해요. 공해에도 강하지요. 이런 장점 때문에 전통 안료를 연구하는 사람들도 점점 줄어들었어요.

그런데 화학 안료는 전통 안료의 은은한 색감을 따라올 수 없고 중금속인 비소 성분이 들어 있어 환경에도 좋지 않다는 단점이 있어요. 이런 문제점을 개선하기 위해 최근에는 전통 건축물을 수리할 때 다시 전통 안료를 사용하려고 노력해요. 자연에서 색을 얻는 방식은 좀 더 어렵고 고될지 몰라도 원래 세워졌던 모습 그대로 복원하려는 의지를 보여 주는 것이지요.

소문 신문, 알려 줘!

일제 강점기에 사라진 돈의문을 다시 볼 수 있다고?

　돈의문은 한양 도성의 사대문 중 '서대문'이라는 명칭으로 정동사거리에 있었어요. 그런데 1915년 일제 강점기에 일본에 의해 사라졌어요. 돈의문은 교통이나 예산의 문제로 다시 세워지지 않고 있어요. 그런데 최근에 돈의문을 볼 수 있는 방법이 생겼어요. 2019년에 3·1운동과 임시정부 100주년을 기념해 일제 강점기 때 사라진 돈의문을 IT 기술 가상·증강현실 로 복원한 것이에요.

　전문가들은 돈의문을 18세기 숙종 때 모습으로 복원하기로 하고, 자료를 찾아 디지털로 돈의문의 모습을 재현했어요. 그리고 이것을 활용해 증강현실AR·가상현실VR로도 돈의문의 옛 모습을 체험할 수 있게 했지요.

　돈의문 증강현실 체험용 모바일 애플리케이션을 정동사거리 주변에서 실행하면 옛 돈의문 자리에 자리한 디지털 돈의문의 웅장한 모습을 여러 각도에서 경험할 수 있어요.

수장고, 우리도 가 보고 싶어요!

우리는 전통건축수리기술진흥재단에서 일하는 사람들이야.
우리가 어떤 일을 하는지 알려줄게!

우리는 전통건축 부재를 수집하는 일을 해. 직접 수리 현장을 찾아가서 확인하기도 하고, 오래된 부재들을 조사하고, 옮기는 일을 하지. 또 전통건축 수리에 관한 옛 자료들을 찾기도 해.

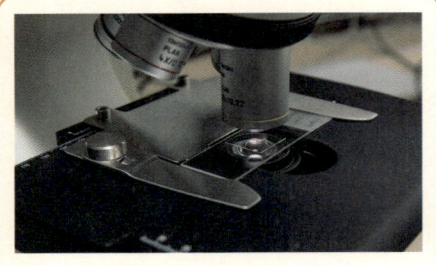

오래된 부재를 과학적으로 조사해. 부재가 언제 쓰인 건지 알아내기 위해 다양한 조사를 하지.

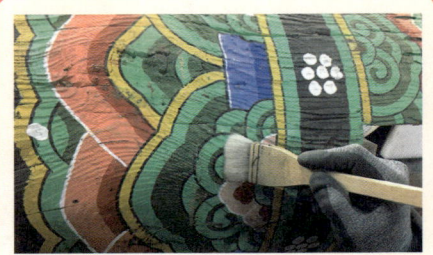

부재를 오래도록 보존하기 위해 연구해.

부재를 직접 관리해. 부재를 확인하기 위해 인식표를 붙이고, 잘 관리되고 있는지 확인하지.

부재를 사진으로 남겨 놓고, 어떤 기법으로 만들어졌는지도 조사하지.

수집 부재를 소독하는 중이야. 부재는 오래됐기 때문에 특별한 소독이 필요해.

오래된 부재들을 관리하는 건 굉장히 중요한 일이야. 온도와 습도도 중요하지. 좀 더 잘 보관하기 위해 어떤 시설이 필요할까 늘 고민하고 있어.

수장고를 알리기 위해 전시공간을 만들었어. 사람들이 오래된 부재에 관심을 가질 수 있도록 다양한 콘텐츠를 만들고 있지.

참고문헌

『숭례문 수습·복구 후 잔여 목부재 조사와 고증』, 전통건축수리기술진흥재단, 2018
『서울남대문수리보고서』, 서울특별시교육위원회, 1966
『숭례문 화재 피해현황 및 수습 보고서』, 문화재청·국립문화재연구소·서울시중구청, 2008
『김창준의 문화재 이야기』, 행복한 세상, 이성원, 2018
『숭례문 세우기』, 돌베개, 최종덕, 2014
『건축 문화재 이야기』, 도서출판 고려, 김성도, 2014
『전통건축 수리와 보존』, 전통건축수리기술진흥재단, 윤홍로, 2018
『전통건축의 수리와 정비』, 한국문화재보호재단, 윤홍로, 2006
『우리가 정말 알아야 할 우리 단청』, 현암사, 한석성, 2004
『아빠가 들려주는 숭례문 이야기』, 한솔수북, 이용재, 2013
『석조문화재 수리기술 연구 : 석탑』, 국립문화재연구소, 2019
『한국 단청의 이해』, 한터 미디어, 김희정, 2012
『경주 불국사 삼층석탑 수리 보고서』, 국립문화재연구소·경주시, 2017

사진 출처

문화재청

숭례문과 숭례문 성곽(23쪽), 1904년 전후 숭례문(23쪽), 이기룡필남지기로회도(28쪽), 유물 안에 있던 종이(29쪽), 영주 부석사 무량수전 기둥(50쪽), 쌍봉사 대웅전 내부(55쪽), 구룡사 대웅전(57쪽), 낙산사 동종(57쪽), 숭례문 현판(69쪽), 서울 한양 도성(78쪽, 80쪽), 제주 불탑사 오층 석탑(83쪽), 경주 감은사지 동서 삼층석탑(83쪽), 동해 삼화사 삼층석탑(84쪽), 정선 정암사 수마노탑(84쪽), 개성 경천사지 십층석탑(85쪽), 서울 원각사지 십층석탑(85쪽), 도동서원 강단 기단의 용두(86쪽), 경주 불국사 석축(86쪽), 장초석(89쪽), 양주 회암사지 선각왕사비 남아 있는 부분(90쪽), 숭례문 석재 가공소(97쪽), 숭례문 성곽(98쪽), 너와집(106쪽), 청주 관정리 고가(106쪽), 경복궁 경회루 막새(111쪽), 금동용두 토수(111쪽), 경복궁 향원정(112쪽), 경복궁 경회루(113쪽), 파평 윤씨 재실(115쪽), 홍인지문의 잡상(117쪽), 광희문의 잡상(117쪽), 경기도 양주의 회암사지(127쪽), 숭례문 홍예(128쪽), 순흥읍내리벽화고분(130쪽), 궁궐 내외부 단청(135쪽), 사찰 단청(136쪽), 도산서원 전교당 단청(136쪽)

전통건축수리기술진흥재단

태조 상량문(21쪽), 세종 상량문(22쪽), 수장고 내부(30쪽), 추녀 부재(36쪽), 전자 태그가 붙어 있는 부재(38쪽), 나무 부재 수리하는 모습(60쪽), 숭례문 수리 전후(64쪽), 익산 미륵사지 석탑(82쪽), 석조 문화재 수리 사진(92쪽), 굴피(106쪽), 금촌 돌기와집(106쪽), 이근복 번와장님 시연회(118쪽, 121쪽), 단청 칠하는 모습(138쪽), 숭례문 단청(144쪽), 수장고 내부(148~151쪽)

정현민
숭례문 정면(20쪽), 창경궁 명정전(41쪽), 경복궁 근정전 내부(46쪽), 근정전 내부(51쪽), 석가탑(81쪽), 다보탑(81쪽), 미황사 대웅전 자연석 초석(89쪽), 미황사 대웅전 연꽃 모양 초석(89쪽), 안동 도산서원 전교당(105쪽), 강릉 오죽헌(106쪽), 강진 무위사 극락보전(114쪽), 봉정사 극락전(114쪽)

국립중앙박물관
일제 강점기의 석굴암(43쪽), 쌍봉사 대웅전(55쪽), 금산사 대적광전(56쪽), 보신각 터 출토 주춧돌(79쪽), 경주 얼굴무늬 수막새(111쪽), 경주 인왕동 월성 출토 연화문 수막새(111쪽)

국가 기록원
일제 강점기 숭례문(24쪽), 경성 숭례문(24쪽), 도로 가운데 있던 숭례문(25쪽)

강선혜
숭례문 화재 현장(16쪽), 화암사 우화루(48쪽)

원춘호
한국의 집 기와작업(32쪽), 여수 진남관 기와 이기(122쪽)

연합뉴스
숭례문 화재 진압(14쪽), 청동용두의 거북(29쪽), 불타는 낙산사 보타락(54쪽)

경향신문
숭례문 잡상(34쪽)

서울특별시
창경원(40쪽)

강원도청, 한국문화정보원
복구된 낙산사의 모습(58쪽)

한국관광공사
광화문 육축(76쪽)

서헌강
창경궁 홍화문(112쪽, 115쪽)

가일전통안료
전통 안료(132쪽)

박인수
남지터(27쪽)

불탄 숭례문은 어디에 있을까?
소중한 우리 건축 문화재와 수리 이야기

1판 3쇄 2022년 10월 28일

글쓴이	한라경
그린이	김보경
감수	전통건축수리기술진흥재단
펴낸이	박인수
펴낸곳	주니어단디
주소	경기도 파주시 탄현면 사슴벌레로 45 201-106
등록	제 406-2016-000041호(2016.3.21.)
전화	031-941-2480
팩스	031-905-9787
이메일	dandibook@hanmail.net
홈페이지	dandibook.com
ISBN	979-11-89366-11-7 73910

이 책은 저작권법에 따라 보호받는 저작물이므로 무단 전재와 복제를 금합니다.
이 책의 일부를 사용하려면 주니어단디의 서면동의를 받아야 합니다.
잘못된 책은 구입한 곳에서 바꾸어 드립니다.
KC마크는 이 제품이 공통안전기준에 적합하였음을 의미합니다.

모델명 불탄 숭례문은 어디에 있을까?_ 소중한 우리 건축 문화재와 수리 이야기
제조년월 2022.01.27. **제조자명** 주니어단디 **제조국명** 대한민국
주소 경기도 파주시 법흥리 탄현면 사슴벌레로 45 201-106 **전화번호** 031-941-2480 **사용연령** 7세 이상